역지사지

역지사지

김민정 산문

2009~2025

난다

작가의 말

봄과 보임

●

 산문을 묶는다. 그럴싸한 기획 속에 새로운 모색이 돋보이는 그런 멋들어진 책이라면 좋으련만 예의 그렇듯 일상을 좇는데 일상에 쫓기는 뭐 그런 이야기지 싶다. 묵혀서 좋은 건 비밀과 우정과 전답과 빈티지 재킷과 포도주와 된장과 묵은지와 보험증서 말고 또 무엇이 있으려나. 아무려나, 시류라는 게 뼈대처럼 책의 윤곽을 떡하니 잡고 있는 글이다보니 시간은 자꾸 가는데 집에는 다 와 가는데 왜 이렇게 망설일까 하는 송창식의 노래 〈한번쯤〉의 가사처럼 조금만 더 조금만 더 기다려봐야지 했던 것 같다.

그렇게 2009년부터 2025년까지 근 십육 년간 한겨레신문, 조선일보, 중앙일보, 서울신문, 문화일보, 『씨네21』 등 여러 매체에 발표했던 산문을 연도별로 정리하고 나니 지금은 '간신히'라 할까 아직은 '다행히'라 할까, 첫눈 내리고 난 12월이다. (끝까지 내몰리면 결국 매달리게 되는 법! 서재 문틀에 가정용 철봉 설치하니 오며 가며 그래도 하루 일 분은 대롱거리게 되더란 얘기!) 첫 산문집 역시 2013년 12월에 출간한 책이었으니 (뿐이랴, 두번째 네번째 시집도 판권을 보니 12월 출간이다!) 애초에 나는 이런 기질로 태어난 사람이 맞겠고 결국엔 이런 태도로 죽을 사람임도 알겠다. 사람 참 안 변하니 이렇게 건강히 살아 있는 거겠지. 나이를 먹는다 한들 애초에 타고남이 종지이니 잘하면 사발이 될 거란 기대 자체를 아예 버리란 얘기겠지.

●

절판 속에 두었던 『각설하고,』 덕분에 그간 어떤 글을 쓰며 살았는지 뒤로 걸어볼 수 있었다. 새 마음의 가짐은 언제나 그렇듯 등으로 바람을 밀 때임을 다시금 배울 수 있었다. 탈탈 다 털어버리지는 못했다. 2009년에서 2011년 사이에 쓴 글 중 간직하고 싶은 이야기는 새집 서까래의 일부로 삼았다. 나는 복기가 취미인 사람, 나는 복수를 〈네 멋대로 해라〉 양동근의 이름으로나 기억하는 사람, 나는 부록을 부럼으로 알고 가볍게 쥐여주는 건넴을 고소한 정으로 아는 사람. 전체로 보건대 성격이 맞지 않을 수도 있는 한 부가 부록이란 이름으로 이 책의 말미를 장식했구나 하실 수도 있겠다. 문화일보에서 '시인의 서재'라는 코너를 통해 원고지 5.5매 분량으로 신간 위주의 리뷰를 하고 있는데 인용이 숙명이니만큼 나는 못 쓰나 내가 베낄 수는 있는 아름다운 문장들 소개할 수 있어 부린 욕심으로 봐주시면 좋겠다. (후식으로 먹는 짭짤이 대저 토마토의 맛을 기대하긴 했습니다만!)

●

맞다, 그리고 책 제목. 역지사지, 여기에 무슨 설명이 더 필요할까. 한문 배울 때 가장 쉽다고 맨 처음 배운 사자성어임에도 여태 실천이 안 되어 아직껏 붙들고 사는 말. 마지막 페이지까지 다 읽고 났을 때 이거 평생토록 머리에 인 채 붙들려 살겠구나 있는 힘껏 뒷목 잡아보게 한 말.

작심하고 책 제목으로 삼으니 큼지막한 맷돌 하나를 꼭 사야겠다 싶은 욕심이 일었다. (갑자기? 그건 아니고 포천 사는 이모가 백년을 훌쩍 넘긴 연식의 맷돌을 내게 줄까 말까 감질나게 간을 본 지 좀 되었다는 얘기!) 돌과 돌 사이 무엇을 넣고 갈 것인가 하면 콩도 좋고 원두도 좋겠지만 물을 넣고 마음을 갈아보는 일에 있어 한밤 맷손을 돌리는 손의 주인이 되어봄이 꽤 시적일 것도 같았다.

시, 그래 시라고 하면 당신을 다치게는 안 하겠지. 시, 그래 시라고 하면 당신을 아프게도 안 하겠지. 시, 그래 시라고 하면 당신을 사랑하게는 하겠지. 시, 그래 시라고 하면 당신을 웃게도 하겠지. 시를 보듯 나를 보아야 당신이 보일 것이다. 시를 보듯 당신을 보면 내가 보일 것이다.

기껏 산문집 다 꿰어놓고 또 이렇게 시 운운이다. 아는 사람은 말하지 않고 말하는 사람은 알지 못한다 했거늘 노자가 제발 이 구절 좀 그만 인용하라고 지겹다고 땅을 치겠다. 서두에 내가 뭐랬나. 사람 참 안 변한다 했거늘.

2025년 12월
김민정

차례

작가의 말 봄과 보임 • *4*

2010년

네가 누구인지는 네가 잘 아실 문제 • *14*
시인으로 살다 죽다 시가 되는 일 • *18*

2010년

착한 척하려면 눈이 조금, 필요합니다 • *24*
브라보, 내 젊은 아빠들이여! • *28*
우리들은 언제까지나 러너다 • *32*
실은 저도 입을 고민합니다 • *36*
솔직해집시다 • *40*
가만 좀 내비두는 것의 미학 • *44*
화성에서 온 딸, 금성에서 온 아빠 • *48*
그 많던 한아름 슈퍼, 다 어디로 갔나 • *52*
댁의 여름은 안녕하십니까? • *56*
걱정과 낭만 사이 • *60*
다정한 약속일수록 왜 연약할까 • *64*
실은 우리 매일같이 시를 산다 • *68*
책책책, 이제 책 좀 읽읍시다 • *72*

2011년

이토록 사소한 다짐 하나 • *78*
내가 가장 나중 지니인 집 • *82*
있을 때 잘해, 나는 돼지야 • *86*
예전엔 미처 몰랐어요, 그 흥! • *90*

2014년

20140416 · 96
천국에 있는 엄마들 · 99
우리의 영혼을 위로하는 교황 · 102
이 세상에 단골 없으면 무슨 재미로 · 106
날마다 하나씩 줘보기 · 109
아무래도 덜 아픈 거다 · 112

2015년

스스로 자, 말미암을 유 · 116
죄책감, 다음에는 뭐라 쓸까 · 119
5월은 '책'합시다! · 123
'잊음'을 '있음'으로 · 126
말만 쓰면 아프다 · 130
아프니까 엄마다 뭐! · 133

2016년

손이 하는 일, 그리고 우리가 사는 일 · 138
새해에는 보다 느려져보자는 이야기 · 142

2017년

굳세어라 책들아 · 148
우리 제훈이 생일 축하해! · 152
"고향이 어디냐고요? 인천 짠년인데요" · 156
오늘도 5월 18일입니다 · 160
청바지가 다 어울리는 나라 · 164

2018년

내가 행복했던 곳으로 가주세요 • *170*
택시는 울기 좋은 방이다 • *174*
택시는 영단어 외우기 좋은 의자다 • *178*
택시는 공감의 대화창이기도 하다 • *182*
택시에선 기적을 만나기도 한다 • *186*
세밑 택시 기사와의 대화 • *190*

2023년

침묵은 등이다 • *196*
나무는 참 가볍고도 무겁고도 질기구나 • *198*
국어사전에게 제법 들켜왔지요 • *201*
비는 선생이다 • *204*
더도 말고 덜도 말고 물음표 닮을 일이네 • *206*
깊은 밤 어디 돌 끓는 소리 들렸으랴 • *208*
묻기가 효도다 • *210*
다음 산은 휴대전화 놓고 가기 • *212*
말이 아프고 또 무섭다는 말이지 • *214*
구 년 만에 택배가 왔습니다 • *216*

2024년

사실은, 이라고 말하지는 말기 • *220*
발품은 몸에 새기는 공부 아닐까요 • *222*
에지는 패지다 • *224*
넘어야 살고 즐겨야 난다 • *226*
봄이, 산이, 그게 다 그런 것이겠지 • *229*
통장이 없으면 콩장이라도! • *231*
청소는, 투표 마치고 할게요 • *233*

2025년

모르니까 안다 • *236*
친구의 편지가 든 항아리를 닦다가 • *239*
2025년 우리들의 봄은 이렇게 '있었다' • *242*
뽑고 나면 그만이다 • *245*
말이라 하면 정확하여 아름답기를 • *248*
나는 간장 종지를 사랑해 • *251*
거시기가 공부다 • *254*
이런 소풍, 김밥은 못 들고 가지만요 • *257*

부록

봄이면 우리에겐 시가 있고 새가 있을 것이기 때문 • *262*
다분히 흙과 악수하게 하는, • *265*
훌륭한 지도는 실로 '자연'스러운 사람이 아닐까 • *268*
사랑하는 친구여, 꼭 붙잡아요 • *271*
기억과 기록은 종이 한 장 차이죠! • *274*
반절만 건네고 반절은 물고 • *277*
한 문장에서 시작한다 • *280*
'다르다'는 미침이 결국엔 '닿는다' • *283*
여름에 피운 마음이 그곳에 잘 당도하기를 • *286*
메모를 다 이어붙이면 당신이 될 것입니다 • *289*
사람도 잘못 잡으면 마음을 벤다 • *292*
여러분의 마감식은 어떤 음식일까요? • *295*
먼산만 보고 있으니 모두 다른 박자야 • *298*
우리 의식주에 대한 박물지 같은 책 • *301*

2009년

:
네가 누구인지는
네가 잘 아실 문제

　얼마 전 울먹거리는 목소리로 제자 녀석 하나가 전화를 걸어왔다. 과 동기의 소개로 삼 개월을 꼬박 어떤 사무실에서 일했는데 올해가 다 가도록 밀린 월급을 안 주더라는 하소연이었다. 왜 가만있었어, 고발한다고 해. 그게 아니라요 선생님, 자꾸만 제 자취방 주소를 안다면서 집에서 얘기하재요. 업무라고 해야 전화를 받고 복사를 하고 팩스를 넣고 책상을 닦고 컵을 씻는 일 정도였으니 월급이 과할 리가 없을 터, 애라서 만만하게 보고 떼어먹을 심사인가 싶어 사장에게 직접 전화를 걸었다. 돈 생기면 준다니까 왜 이렇게 호들갑이야? 다짜고짜 반말이었다. 수화기 너머 사장은 말했다. 이봐, 당신 내가 누군지나 알고 하는 소리야?

며칠 뒤 단골 미용실에 갔다. 헤어디자이너와 앞머리를 자르네 마네 소소한 얘깃거리로 커피 한잔 나누는데 느닷없이 옆자리에 앉아 있던 중년 여성이 자리에서 벌떡 일어났다. 도대체 시끄러워서 책을 읽을 수가 없잖아. 뭐야, 이 교양 없는 분위기는. 헤어디자이너는 죄송하다며 연신 꾸벅이었고 머쓱해진 나 역시 눈치만 살살 보고 있는데 생각할수록 화가 치밀어오르는 것이었다. 따지고 보면 저나 나나 다 같은 손님이 아닌가. 저기요, 저도 머리하러 온 사람인데 지금 저 들으라고 하신 말씀인가요? 잡지책을 신경질적으로 넘겨대던 중년 여성이 급기야 점장을 불러 세웠다. 여기 시시티브이 있지? 가서 돌려보고 쟤 잘라. 잡지책을 바닥에 내동댕이치며 중년 여성은 말했다. 야, 너 내가 누군지나 알고 하는 소리야?

문득 그해 겨울이 생각났다. 수능 마친 고3으로 서울에서 본고사를 치른 뒤 집으로 가는 지하철에서였다. 자리가 없어 양손잡이를 잡은 채 꾸벅꾸벅 졸고 있는데 누군가 나를 툭툭 쳤다. 베레모를 쓴 채 앞좌석에 앉아 있던 남자였다. 그는 펼쳐 읽고 있던 신문지 위에 번져가는 몇 방울의 물무늬를 가리켰다. 그제야 나는 짐칸 위에 올려두었던 책가방 속 보온병을 떠올렸다. 정말 죄송합니다. 나는 서둘러 가방을 끄집어내리고는 어깨에 둘러멨다. 옷에 떨어지기라도 했으면 어쩔 뻔했어. 이거 최고급 무스탕이라고. 귓불까지 빨갛게 달아오른 나는 바로 주의하지 못함에 대해 사과했다. 고3인가? 네. 그래서 내가 참은 거야. 근데 어느 학교 쳤어? 네? 아, 뭐, 그냥. 그러게 어디 쳤냐고? 그걸 꼭 말씀드려야 하나요? 어라, 학생 내가 누군지나 알고 하는 소리야?

아니요, 초면에 제가 그걸 알면 무당이게요. 끝끝내 그렇게 대꾸하지는 않았지만 나의 침묵 가운데 베레모가 말했다. 나 ○○대학교에 있어. 네? 나, 교수라고. 아, 교수요. 순간 나는 "어쩌라고요!"라는 유행어가 왜 지금껏 우리에게 큰 웃음을 주는지 잘 알 것만 같았다. '내가 누구인지 말할 수 있는 자는 누구인가'라는 제목의 소설이 왜 베스트셀러였는지도 말이다. 그렇다. 주제 파악은 이렇게나 어려운 것이다. 이해한다. 그들은 정말이지 자기 자신이 누구인지 모르기 때문에 묻고 또 묻고 다녔을 것이다.

미용실에서 바락바락 소리를 지르던 중년 여성에게는 영양 파마 1회 무료사용권이 제공되었다. 커트하러 갔다가 미안한 마음을 어쩌지 못해 엉겁결에 파마까지 해버린 나라지만 실적을 채운 헤어디자이너의 되찾은 웃음에 후회는 없었다. 월급 떼어먹으려던 사장에게는 변호사 친구가 전화를 걸어줬다. 체불 임금은 바로 다음날 입금됐다. 그 돈으로 나는 제자 녀석과 삼겹살을 구워 먹었다. 따지고 보면 나도 이렇게 한통속이다. 변명이 길었다.

:
시인으로 살다 죽다
시가 되는 일

  얼마 전 조의금 봉투를 여러 장 포개 들고 장례식장에 다녀왔다. 몹시도 추운 날이었다. 혼자였다. 결혼식장은 안 가도 맘이 편한데 장례식장은 안 가면 맘이 불편하니 어떻게든 나 편하겠다는 심보로 서둘렀던 길이었다. 상주와의 맞절에도 발가락 꼬물거리며 쭈뼛쭈뼛하던 내가 "얼마나 심려가 크세요?"라고 그 빤한 위로의 말을 건네는데 순간 저게 내 말인가 싶으면서 나 자신에게 닭살이 훅 일었다. 그러니까 나도 결국 그렇고 그런 어른이 되어버린 것 같아서였다.

  평소 사업을 크게 벌였던 친구의 아버지인 관계로다가 장례식장은 밀려드는 조문객들로 북적했다. 근조 화환이 배달되어 올 때마다 나는 어디 소속의 누구라고 적힌 리본 글씨를 따라 읽느라 바빴다. 하도 울어 눈이 퉁퉁 부어오른 친구는 밥이 모자라네, 국을 더 시키네, 전화기 붙들기 바빠 슬픔은 잠시 놓친 듯했다. 연신 목탁을 두드리던 스님도 지쳤는지 잠깐 목을 축이시는데 문득 시인 신현정 선생님 생각이 났다. 두 달 전 선생님을 마지막으로 뵈었던 곳도 바로 이 장례식장이었다.

선생님의 부음을 듣고 시인 선배와 함께 이곳을 찾았을 때 나는 막상 마주한 그 썰렁함에 눈물이 핑 돌고 말았다. 너무 일찍 들러서였을까. 하얀 전지를 반듯하게 덮은 빈 테이블이 다닥다닥 너무도 길게 이어져 있었기 때문이다. 그 앞에 자리 턱 차지하고 앉아 술 한잔 따라 마시는 이 하나 구경할 길 없었기 때문이다. 날이 좋은 늦가을 밤이었다. 놀기 만만한 토요일 밤이었다. 핑계라지만 그럼에도 나는 선생님께 너무나도 죄스러웠다. 밥 한번 사줄 테니 얼굴 보자던 선생님과의 약속을 차일피일 미루다 지키지 못한 기억이 떠올라서였다.

영정 앞에 내가 만들었던 선생님의 시집 『바보사막』이 세워져 있었다. 한국문화예술위원회에서 선정한 우수문학도서라는 스티커가 표지에 붙어 반질거렸다. 김민정씨, 이런 거 돼봤습니까, 김민정씨, 참말 부럽지 않습니까. 선정 소식에 진심으로 좋아하셨던 선생님은 늘 그렇듯 천진한 얼굴로 영정사진 속에서 웃고 계셨다.

장례식장을 빠져나온 시인 선배와 나는 말없이 창경궁 쪽을 향해 걸었다. 우리들은 전부터 약속을 해두었던 홍대 장어집으로 함께 가는 길이었다. 따지고 보면 내 울컥도 실은 참으로 가증스러운 것이 아닌가. 장어 먹을 욕심에 금방 자리를 뜬 것이나 다름없었으니 말이다. 쓸쓸하다, 그치? 그러게, 사람들이 많을 거라 생각하시고 일부러 큰 데다 잡으신 것 같은데. 근데 나 좋은 생각 하나 떠올랐어. 뭔데? 시인들 말이야, 죽기 전에 자선 시 한 열 편 정도 낭송한 거 녹음해뒀다가 장례식장에 틀어놓으면 어떨까? 좋긴 한데…… 너무 슬프지 않을까, 무지 눈물 나지 않을까. 그래도 마지막 가는 길에 자기 시 듣고 가면 덜 외롭지 않겠어?

엊그제였나, 커피숍에서 수다를 떨고 있는데 휴대전화 벨이 울렸다. 창에 뜬 이름을 보니 신현정, 그랬다. 허걱, 돌아가신 양반에게서 전화라니 이게 무슨 일인가. 놀란 마음에 한 통의 전화를 놓치고 한 통의 전화를 걸었을 때 수화기 너머의 그분은 다행히도 사모님이었다. 우리 양반 이메일도 전화기도 이제 안녕을 고해야 하는데 아무래도 민정씨에게는 전화를 해야 할 것 같아서요. 여러모로 고마웠다고 우리 양반이 꼭 전하랬어요. 부디 건강하고요. 좋은 시 많이 읽고 많이 쓰고 많이 만드시래요. 죽어서도 끝끝내 이렇게 시뿐이라니 훗날 나도 이렇듯 누군가에게 시로 남을 수 있을까.

2010년

착한 척하려면
눈이 조금, 필요합니다

　새해 벽두부터 눈이었다. 살면서 그런 큰 눈은 처음이었다. 일산 집에서 직장이 있는 파주까지 삼십 분이면 족할 출근길에 근 네 시간 반을 잡아먹혔다. 기가 막혔다. 맨발의 아베베가 1960년대에 세운 기록이 두 시간 십오 분 정도이니 그 시절의 마라톤으로 치자면 연이어 두 번의 완주를 할 수 있을 만큼이 아닌가. 이거 미친 거 아냐. "따블, 따따블"을 외쳐도 오지 않고 잡히지 않는 택시였다. 시동을 끈 채 하염없이 눈이나 맞고 있는 버스였다. 퍼뜩 그런 생각이 들었다. 맨 처음 땅을 파고 지하철이란 걸 놓자고 한 이는 그야말로 천재라고!

　물론 사람들은 눈을 예측했다. 강추위 대비란 말도 잊지 않았다. 그러나 저 내키는 대로 저 하고픈 대로 저 자신을 흩뿌리는 눈의 천진함 앞에서 우리들은 뒤뚱뒤뚱 오리걸음에 슬금슬금 도둑걸음을 할 수밖에 없었다. 아침마다 폭신폭신 모두가 쌓인 눈을 밟으며 출근했다. 밤마다 살금살금 모두가 언 눈을 밟으며 퇴근했다. 우리들 중 무릎을 바싹 펴고 걷는 이는 단 한 사람, 아파트 경비인 박씨 아저씨뿐이었다. 귀마개를 쓰고 털장갑을 낀 채 장화 신은 발로 아침저녁 바삐 오가며 큰 삽으로 눈을 치우는 이는 아저씨가 유일했기 때문이다.

택배 상자를 찾으러 경비실에 들렀다. 작은 난로 앞에 앉은 아저씨는 연신 꾸벅꾸벅 졸고 있었다. 헤 벌어진 입속에서 침이 쭉 떨어지는 줄도 모르고 다디단 잠에 빠진 아저씨를 깨울까 말까 망설이는데 난데없이 인터폰이 울렸다. 아…… 예…… 어, 거긴 치웠는데…… 그래서 다쳤어요?…… 어쩌나…… 죄송합니다. 아저씨 무슨 일 있대요? 애가 넘어졌다고 뭐라 하시네요. 그늘진 데는 아직 다 못 치웠는데. 많이 다쳤으면 큰일인데. 아이 참 그걸 아저씨 혼자 어떻게 다 치워요? 자기네가 조심하든가. 버겁긴 해요. 집집마다 한 사람씩 나와서 십 분만 치워도 아파트 참 말끔해졌을 텐데. 요즘 사람들은요, 문 닫아걸면 그게 모르쇠예요. 그런데 사모님 택배요 남편분이 좀 아까 가지고 가셨는데 무슨 일이세요?

헉! 사모님이라니요, 아저씨 그게 무슨 말씀이세요? 저 혼자 살잖아요. 순간 아저씨의 얼굴이 하얗다못해 쪄낸 지 이틀 지난 백설기처럼 굳어졌다. 아니 내가 그런 줄 알고 있었는데 자기가 2004호 남자 주인이라면서 갖고 올라가겠다고…… 가만 사인한 것 보면 알아요. 이름이…… 어라, 노인정이네. 남편 성함이 혹시 노인정씨예요? 오우, 노우, 아저씨!

결국 택배 상자는 찾지 못했다. 아저씨는 몇 번이나 경비실 안에 쌓여 있는 택배 상자를 이리 다시 쌓고 저리 다시 쌓아가며 송장 이름을 일일이 확인했다. 내가 주문한 것은 제 키보다 더 크다 싶을 만큼 기다란 두 귀를 가진 흰 토끼 인형이었다. 게다가 물고 빨아도 인체 무해한 친환경 흰 토끼 인형이었다. 속이 쓰렸다. 그렇다고 제값을 똑 부러지게 물어내라 요구할 수는 없는 일. 아저씨는 말했다. 내가요, 요즘 들어 이런 일이 한두 번이 아니에요. 뱃속을 열면요, 쓸개도 없고 장도 이만큼이나 잘라내서 없어요. 속이 비어서 그런지 자꾸 까먹습니다, 사모님. 제 한 달 월급이요, 세금 떼고 나면…… 아이참, 아저씨 저 사모님 아니라니까요.

큰 눈 그친 지 얼마 안 됐는데 또 큰 눈 소식이다. 귀마개를 쓰고 털장갑을 낀 채 장화 신은 발로 아저씨는 오늘도 아침저녁 아파트 안팎을 쏘다니느라 바쁘시다. 머리가 훌랑 벗겨진 아저씨는 나만 보면 모자가 홀렁 벗겨져 운동화 앞코에 떨어질 정도로 구십 도 인사를 하신다. 그깟 흰 토끼 인형이 무슨 대수라고, 따지고 보면 나는 제 마당에 쌓인 눈도 비질 안 하는 싹수인데. 눈이다 싶은 순간 피로회복제나 사러 가야겠다. 왜? 나는 얍삽하니까!

:
브라보,
내 젊은 아빠들이여!

올해로 십여 년째 활자 밥을 먹고 있다. 그사이 잡지사를 서너 군데 거쳤고 출판사로는 지금 다니는 곳이 두번째이니 진득하다는 소리는 못 듣겠으나 터진 입의 소유자인 내가 항변을 하자면 이렇게도 변명을 해볼 수 있겠다 싶다. 일하려고 해도 폭삭 망해버린 회사들을 난들 어쩌라고요.

직장생활 첫날부터 시작된 아빠의 모닝콜은 지금껏 계속이다. 아침잠이 많은 나를 깨우기 위한 아빠의 전화 스타일은 생각 이상으로 집요한 구석이 있었다. 줄곧 부드럽고 자애로운 목소리로 일정 톤과 일정 간격을 유지하며 전화벨을 울릴 줄 안다. 일어나. 일어났어. 자는데 뭘. 깼다니까. 지각하면 못써. 누군 하고 싶나. 쫓겨나면 어쩌려고. 내쫓으라지. 씻어야지. 욕실이야. 물소리 안 들리는데. 변기에 앉아 있잖아. 전화기 대봐. 에이 아빠!

　삼 년 전 아빠는 삼십 년 넘게 다닌 직장에서 정년퇴직을 했다. 말이 쉬워 삼십 년이지 그간 지각과 휴가와 결근 한 번 안 했다는 기록 아닌 신기록을 생각해보면 나 같은 직장인에게 아빠는 '사람'이 아닌 '기계' 그 자체다. 이십대 초반부터 홀아버지를 모셨다. 외아들인데다 아래로 공부시킬 여동생을 넷이나 뒀다. 서른 넘어 간신히 결혼을 했다. 딸만 내리 넷을 둔 아버지로 살았다. 이제 눈칫밥 먹는 월급쟁이가 아니니 속 편하겠다는 내 말에 아빠가 말했다. 나 이제 어디 가서 뭐 하냐.

　정년퇴직을 하던 그날 아빠의 귀가가 늦었다. 전화기도 내내 꺼진 채였다. 앞으로 누구든 나 무시하고 그러면 월미도 바다에 확! 으름장을 놓곤 하던 아빠는 해가 뉘엿뉘엿 저문 뒤에야 돌아왔다. 야구 모자를 깊숙이 눌러쓰고 야밤에 라이방 선글라스까지 낀 아빠의 얼굴은 온통 반창고투성이인데다 선풍기아줌마도 아니면서 넙데데하게 부어올라 있었다. 나 눈 밑 지방 좀 뺐어. 의사가 내친 김에 점도 다 빼라는 거야. 점 세다가 자 버렸더니 끝났더라. 나 앞으로 두 달은 집 밖으로 못 나가. 자외선 쬐면 안 된대. 그러니까 다들 나 지겨워하지 마, 알았지?

그 후로 두 달 동안 아빠는 회사를 다닐 때처럼 새벽같이 일어나 저녁 아홉시 뉴스 보다 잠들기를 반복했다. 휴대전화 카메라로 요모조모 얼굴을 찍어 저장하고는 그걸 꺼내보면서 점 뺀 자리에 딱지 생겼다, 딱지 떨어졌다, 이런 식의 기록을 업무 일지처럼 적어나갔다. 두 달이 지나자마자 아빠는 헬스클럽에 등록하고 매일같이 러닝머신 위에서 한두 시간씩 걷거나 뛰었다. 얼마 안 가 무릎이 나갔다. 절뚝거리는 다리로 골라든 것이 골프채였다. 실내연습장에서 매일같이 골프채를 휘둘렀다. 급기야 어깨가 나갔다. 수술이 불가피했다. 프로야구 선수도 아니면서 투수들이나 한다는 정교하고도 값비싼 수술 끝에 깁스 한 팔로 누워 아빠가 말했다. 나 이제 어디 가서 뭐 하냐고.

심심할 때 고스톱이나 치라고 컴퓨터를 사줬더니 대견하게도 아빠가 글을 쓰기 시작했다. 시작은 딸들에게 '흑마늘의 놀라운 효능' '여자 연예인 20인의 뽀얀 피부 비법' '대중 앞에서 안 떠는 법' '와인 옷에 튀어도 걱정 없다' 등 일상의 팁 같은 것을 이메일로 보내주는 데서부터 비롯되었는데 이게 은근 재밌는 거다. 그 격려에 날개를 달았는지 아빠는 틈날 때마다 슬그머니 방에 들어간다. 컴퓨터를 켠다. 한글 파일을 연다. 그리고 타닥타닥 자판을 두드린다. 그러니까 뭔가를 한다, 라는 얘기다.

오늘 아빠가 보낸 이메일의 제목은 이러했다. '나는 마흔에 생의 걸음마를 배웠다'라나. 나이 마흔에 생의 걸음마를 배우는 거라면 칠순을 바라보는 아빠라도 생의 나이는 고작해야 삼십대 열혈청년에 불과하지 않겠는가. 만국의 내 젊은 아빠들이여, 부디 단결하라!

:
우리들은
언제까지나 러너다

 일이 참 많다. 그리하여 바쁜 척하느라 바쁜 나날이다. 세상에 나라님도 너만큼 공사다망하겠니. 모임 약속이 전해질 때마다 미안하다, 못 간다, 잘들 놀아라, 사과 아닌 핑계에 급급한 내게 친구들은 질투 아닌 질타의 문자메시지를 연신 보내왔다. 너 지금 솔로라고 우리 아줌마들 무시하는 거냐. 왜 이래 아줌마들, 아마추어같이. 중고교 시절을 함께 보낸 친구들 여섯 가운데 결혼을 안 한 이는 나뿐이다. 당연히 아이가 없는 이도 나뿐이다. 당연히 서방이 없는 이 또한 나뿐이다.

 요즘 친구들 사이에 유행하는 것은 둘째 낳고 셋째 임신하기다. 그들은 모여앉기가 무섭게 산양 분유가 좋더라, 일본제 기저귀가 역시 다르더라, 전집은 꼭 공동구매로 해라, 영어 방문

교사는 돌 되기 전부터 들여라 등 저마다의 육아법을 전수하고 전수받느라 사방으로 침을 튀겨댄다. 그 옆에서 하품이나 하는 나는, 연신 커피나 리필해 마시는 나는, 밉상처럼 턱 쳐들고 앉아 물음표로 그네들의 말꼬리를 잡아채느라 분주하다. 그냥 방목해 키우는 섬마을 염소들처럼 말이야, 애들 풀어 키우면 안 되는 거야? 친구들이 쯧쯧 혀를 찼다. 선생인 내가 집으로 선생을 부르는 것만 봐도 모르겠냐. 모르겠다, 나는 혹시라도 결혼하게 되면 애는 무조건 운동선수 시킬 거다.

일이 참 많고 바쁜 척으로 바쁜 나날이지만 그래도 안 놓치는 한 가지가 있다. 스포츠다. 어릴 적 내 꿈은 세상에서 가장 멀리 뛰는 여자였다. 육상부를 그만두면서 새로이 품은 내 꿈은 스포츠 뉴스를 진행하는 기자였고 어쩌다 시인이 되어 그 바람으로부터 멀어진 지 오래지만 여전히 내 꿈은 스포츠를 향해 있긴 하다. 올림픽이 열릴 때마다 그 도시에 머무는 여행자가 되겠다는 바로 그것.

2010년의 오늘, 밴쿠버 동계올림픽이 한창이다. 뜻하지 않게 메달 소식이 전해지면서 스피드스케이팅에 가히 폭발적인 관심이 모이고 있다. 물론 나 역시도 그렇다. 무관심이 상대적으로 더 큰 환호를 불러오는 셈일 것이다. 그러나저러나 우리 선수들의 대부분이 1988년 서울올림픽을 전후해서 태어난 세대들이다. 경기를 지켜보고 시상식에 박수를 보낸 뒤 나는 그들의 미니홈피를 검색해봤다. 메달을 딴 선수는 그 기쁨을, 메달을 놓친 선수는 그 아쉬움을 시시각각 기록해놓고 있었다. 어리고 어린 그들은 제가 할 수 있고 제가 잘할 줄 아는 일에 최선을 다하고 그 결과에 가식 없이 기뻐하고 체념 없이 승복할 줄 알았다. 주눅 모름과 구김살 없음이란 이름의 젊음, 나는 그것이 더없이 예쁘고 더없이 대견했으며 더없이 부러웠다.

그러나 그 마음 끝에 새삼 새기게 된 단어가 있었으니 이는 다름 아닌 슬픔이다. 슬픔을 몰랐냐고? 아니다. 슬픔이라는 단어가 언제 어디에 어떻게 놓여야 하는지 아주 잘 알게 되었다는 얘기다. "안 되려는 걸 하려니까 슬펐어요." 올림픽에서 끝내 메달 획득에 실패하고 은퇴를 선언한 이규혁 선수의 말을 나는 두고두고 떠올렸다. 내게 슬픔이다 싶은 감정이 밀려올 때마다 그것이 엄살인지 아닌지 확인하기 위해서였다. 사실 안 된다는 것도 끝 간 데까지 해본 자만이 내뱉을 수 있는 말이 아닌가.

내가 존경하는 인간 기관차 에밀 자토펙이 그랬다. 새는 날고 물고기는 헤엄치고 사람은 달린다고. 따지고 보면 우리 모두 인생의 러너가 아닌가. 비록 현역으로는 링크를 떠났지만 앞으로 이규혁 선수*는 지도자로 더 많은 레이스에서 더 빛나는 러너로 역주를 펼칠 것이다. 그는 가슴 가득 꿈을 안고 달리는 진정한 러너를 경험한 바 있으니까. 이참에 나도 러너로 새 꿈 하나 꿔본다. 장딴지 굵은 자식 낳아 스케이터로 키우기. 야무지다고? 안 되면 말고!

---

* 2013년의 오늘, 이규혁 선수 이름을 검색해보니 자신의 여섯번째이자 마지막 올림픽이 될 소치 동계올림픽을 준비한다는 뜻깊은 기사가 떠 있었다. 덮어놓고 파이팅이다!

:
실은 저도
입을 고민합니다

　법정 스님이 입적하셨다. 김수환 추기경님이 돌아가셨을 때처럼 심장에 살짝 쿵, 하는 울림 같은 게 있었다. 두 분 다 내가 어릴 적부터 보아온 위인전 속 인물 같은 큰어른들이 아니던가. 봄이면 고요한 숲속 울울창창한 나무 사이를 천천히 걷는 스님을 만날 수 있었고, 겨울이면 높디높은 산동네 아이들 틈에 빨간 산타 모자를 쓴 채 손을 흔드는 추기경님을 찾아볼 수 있었다. 그 풍경 그대로 그렇게 자연인 줄 알았는데, 그 자연 그대로 그렇게 영원할 줄 알았는데.

　부모를 놓치고 난 뒤에야 부모를 좇는 자식의 마음이 우매임을 알면서도 나는 뒷북처럼 뒤늦게야 이 두 사람의 그늘을 좇았고 그 아래서 잠시 불이 이는 것을 느꼈다. 그러니까 두 분의 요는 "당신 다 가지세요"였던 것이다. 내가 줄 수 있고 네가 가질 수 있다면 이는 내 것이 아니고 네 것이니 다 털어주겠다는 말, 아니 말보다 발 빠른 실천의 소유자들.

참 별말도 아닌데 누구 말마따나 총 맞은 것처럼 멍했다. 책상에 앉으니 연필꽂이 가득 별별 색색으로 꽂혀 있는 필기구들이 눈에 들어왔다. 사실 볼펜 한 자루면 족하지 아니한가 하여 빈 종이상자에 그것들을 와르르 쏟았다. 옷장을 여니 행어에 빼곡하게 걸려 있는 옷들이 눈에 들어왔다. 사실 외투 한 벌이면 족하지 아니한가 하여 두고두고 안 입었던 옷들을 하나하나 끄집어냈다. 서재에 들어서니 책장이 무너질 듯 겹겹이 쌓여 있는 책들이 눈에 들어왔다. 사실 딱 한 권이면 족하지 아니한가 하여 사고 또 사도 기억 못 한 책들을 뽑아들기 시작했다.

몇 번 인연이 닿은 적 있는 동네 고물상 부부를 불러 책과 필기구를 싸 보내고 옷가지들은 세탁소 아저씨에게 맡겼다. 먹고사는 게 변변찮아 뭘 할 수가 있어야지요. 그래도 재주가 이것밖에 없으니까요. 아저씨는 종종 이렇게 모인 옷가지들을 빨고 수선해서 필요한 곳으로 보내주는 일을 나름의 봉사로 삼고 있다고 했다. 다들 뭔가를 하긴 하며 사는구나, 부끄러워지는 찰나 백화점에서 보내온 우편물을 뜯으니 명품 세일에 덤을 더하는 쿠폰 북이 두툼했다. 가방, 옷, 화장품. 나, 사고 싶어라 하는 바람이 어느새 나, 사야 하는데라는 당위로 점점 바뀌어가는데 이 속물스러운 마음은 어쩜 숨기기가 무섭게 스멀스멀 또 이렇게 기어나오나.

 짬을 내어 피정이라도 다녀올까, 가서 침묵 속에 나란 인간을 좀 깊숙이 들여다볼까, 하여 이곳저곳 수녀원 사이트를 검색했다. 그중 기도하고 노동하는 것을 들숨과 날숨으로 삼은 곳이 있어 이래저래 들여다보기를 한 시간. 이로 내가 얻은 것은 인터넷 쇼핑몰에서 구입한 트라피스트수녀원의 유기농 딸기와 포도와 무화과 잼 세트가 전부였다. 그러고는 다시 독일식 식빵 파는 가게로 고고. 거참, 돌아가실 때까지 법정 스님의 화두는 '나는 누구인가'였다는데 나의 화두는 '삶을 왜 사는가'가 아니라 '빵을 왜 사는가'이니 아무래도 나의 참어른 되기는 아예 글러먹은 듯하다.

 며칠 전 알고 지내던 선배 시인 둘이 출가를 했다. 한 선배는 이미 머리를 깎았고, 또 한 사람은 머잖아 깎을 예정이라 했다. 신문에 난 그들의 사진을 보니 대학원에서 함께 수업을 듣던 기억이 났다. 더불어 뒤풀이 자리에서 소주에 곁들인 닭갈비가 타지 않게 연신 주걱으로 뒤집던 기억도 동시에. 단순한 나는, 뭐든 잘 못 참는 나는, 순간 이런 생각을 했다. 그 냄새라는 걸 대체 어떻게 참아낼 수가 있을까. 위내시경 검사를 잡아놔도 자장면 냄새를 못 참아 포기한 적 많은 나에게 이른바 큰어른이란 코가 없는 사람을 뜻함이 아닐까 싶어졌다. 시에도 쓴 적 있지만 냄새란 건 들키면 평생을 지는 거니까.

솔직해집시다

 인쇄소에서 한나절 감리라는 걸 보는데 기장님의 두 눈에 핏발이 서 있었다. 믹스커피 한잔 마실래요? 내가 졸려 죽겠어서 그래요. 기장님이 건네준 달달한 커피를 냉큼 받아들며 물었다. 어제 잠 못 주무셨어요? 완전 악몽 꿨다니까. 낼모레면 예순인데 아 글쎄, 군대를 또 가는 거야 내가. 누구 죽는 꼴을 보고 싶어 그러나…… 아들 놈도 방법 있었음 어떻게든 뺐을 텐데 빽이 있어 가진 게 있어. 고개를 절레절레 저으며 커피를 홀짝홀짝 삼키던 기장님이 종이컵을 구겨 쓰레기통에 던졌다. 골인, 아주 작은 목소리로 기계음 시끄러운 가운데 추임새를 넣어드리며 잠시 생각했다. 그러고 보면 세상 참 불공평하구나. 딸만 넷 둔 우리 부모의 평생 소원은 군대로 아들 면회 한번 가보는 일이었는데. 통닭도 튀기고 김밥도 말고 보온병에 달인

홍삼도 담아 아들아, 어머니, 서로 꼭 껴안고 눈물바람 한번 일으켜보는 일이었는데.

 요즘 들어 정말이지 인터넷을 켜기 싫다. 뉴스도 보기 싫고 신문도 읽기 싫다. 그렇게 싫으면 안 켜고 안 보고 안 읽으면 그만인데 출근하자마자 책상에 앉기 무섭게 클릭 한 방으로 온갖 말이란 말을 다 좇고 다니는 이유는 뭘까. 나는 이렇게 무사한데 간밤 여러분은 안녕들 하셨습니까, 한마디로 궁금해서다. 걱정되어서다. 나날이 사건 사고는 예기치 못한 곳에서 가늠할 수 없는 넓이와 깊이로 벌어지고 그 틈에서 우리는 당하는 자인가 구경하는 자인가 매번 위치 선정의 순간을 맞닥뜨리게 된다. 매일매일 반복되는 안도와 절망의 사다리 타기…… 아니나다를까, 평소처럼 그저 하룻밤 자고 났을 뿐인데 2010년 3월 26일 밤 아홉시 이십이분, 글쎄, 매도 아니고 배가 바닷속에 가라앉았단다. 나룻배도 아니고 오리배도 아니고 천이백 톤급 군함이 두 동강이 나서 바다 깊이 잠겨버렸단다.

 지금 장난해? 빠졌으면 얼른 건져야지! 애들도 다 아는 이 단순한 논리가 실천되지 못하는 걸 보면 참으로 어려운 일임이 분명할 것이다. 왜 그러하지 않겠는가. 우주선 타고 우주인 되어 달나라도 가는 시대에 초기 대응 방법이 잠수복 입은 잠수부들의 목숨을 담보로 그들에게 기대는 것뿐인 걸 보면 말이다. 사정이야 어찌되었든 중요한 건 배 안에서 미처 빠져나오지 못한 젊음들, 사람들이라는 사실 아닌가. 얼마나 두려웠을 것인가. 얼마나 추웠을 것인가.

  사건 발생 이후 천안함 관련 속보라는 기사가 꼬리에 꼬리를 물고 계속 뜬다. 그게 그렇대, 라고 누군가에게 말해주기 무섭게 그게 아닌가봐, 라고 말 얼버무려야 할 정도로 다른 양상의 기사가 또 뜬다. 맹세코 나는 실없는 사람이 아닌데 누군가 자꾸만 나를 실없는 사람으로 만든다. 그게 화가 나고 신경질이 난다. 애초에 의심을 모르던 나에게 의심을 품게 한 건 그러니까 누군가의 거짓말이고 진실 그 너머란 얘기다.

  연일 텔레비전에서는 이 일의 책임자라는 사람들이 속속 등장하고 있다. 석고대죄까지는 아니더라도 머리 숙여 면목 없습니다, 사죄의 큰절 한 번은 기대했는데 아무래도 큰 욕심이었던 것 같다. 사실 우리만큼 죄의 사함과 용서의 미덕을 잘 발휘하는 민족도 드물지 않은가.

아들 없어 다행이라고 침 튀기며 말하고 있는데 우리나라 뉴스 속보 중에 빠지지 않는 기사 한 줄이 여지없이 또 뜨고야 만다. 성추행, 강간범 도주, 검거. 어느 맑은 날 남산 꼭대기에서 서울 시내를 내려다본 적이 있다. 교회와 성당과 절과 그 밖의 온갖 종교단체의 상징들이 곳곳에서 뾰족뾰족 잘도 솟아 있었다. 정말이지 들어가 묻고 싶었다. 대체 이 나라에서 어떻게 살아야 잘 사는 거냐고. 답이 없어 노을이 지기에 술이나 마시러 갔다.

가만 좀 내비두는 것의 미학

〈늘 푸른 인생〉이라는 텔레비전 프로그램이 있다. '고향 어르신들의 세월 나들이'라는 부제만 봐도 짐작할 수 있듯 우리네 시골 마을을 찾아가 그곳을 소개하고 토박이 어르신들의 살아온 얘기를 들어보는 식이다. 구성이라야 아주 간단하다. 길게는 칠십 년 이상, 짧게는 사십 년 가까이 해로해온 노부부들이 주연급으로 등장하여 진행자 뽀빠이 이상용 아저씨가 이렇게 살아오셨다면서요? 하고 물으면 그렇게 살아왔지! 하고 그 세월의 내력을 좔좔 답해주는 거다. 구순 시아버지가 칠순 며느리에게 여직 아침저녁 밥상을 받을 만큼 장수하는 시골 마을에서 얘기는 보통 일제강점기에서 육이오를 거쳐 보릿고개 정도를 넘겨야 시작됐구나 할 정도로 거슬러올라감이 깊다.

주 타깃이 되는 실버세대도 아니면서 내가 일요일 오전 여섯시 알람을 맞추면서까지 이 방송을 챙기는 이유는 하나다. 필시 이들의 사연이 너무나도 말이 되는 까닭이다. 한 할아버지가 운다. 너무도 가난해서 마당에 가마니를 깔고 아이를 낳을 수밖에 없었던 아내에게 해줄 수 있는 건 직접 자른 태를 아궁이에 태워가며 미역국 두 그릇을 끓이는 일이었다고 평생 미안하다며 운다. 한 할머니가 웃는다. 지긋지긋한 가난에 찬 데서 아이를 낳는 설움을 겪었지만 일곱 살 많은 할아버지가 장에 갈 때마다 예쁜 색시 누가 채갈까 감시하듯 뒤에서 졸졸 따라다닌다고 평생 사랑받는다며 웃는다. 눈물에 억지가 없고 웃음에 강요가 만무할 때 어딘가 먹먹해지면서 어딘가 먼 데를 훌쩍 바라보게 되는 순간, 내 시선이 가닿는 곳은 아마도 인생이란 설명 불가의 말 언저리리라.

다시 태어나도 지금처럼 함께 사시겠습니까, 라는 질문에 다시 태어나도 지금처럼 함께 살아야지, 라고 대부분의 어르신들이 답한다. 안다고 무시하고 살아봤다고 내버리면 죄지 죄. 백년해로, 그거 약속이잖아. 우리가 무슨 재주로 그걸 깨냐고. 안 그래?

충북이라는 지역, 그중에서 제천이라는 도시의 송학면 입석 2리가 옥수수와 사과의 산지임을 소개하는 방송을 본 뒤 그제야 인터넷에 들어가 검색을 한번 해봤다. 내 집 마당도 못 쓸면서 남의 마당 쓸 궁리에 앞섰다는 부끄러움이 들었던 건 몇 년 전 다녀왔던 스페인 여행이 문득 생각나서였다. 마드리드나 바르셀로나가 아닌 남부 세비아의 한 작은 동네에 백년도 더 된 술집이다 밥집이다 카페다 자리하고 있다는 책자를 읽고 발이 부르트게 찾아다닌 끝에 맥주를 마시고 파에야를 먹으며 에스프레소를 홀짝이던 내가 아니었던가.

얼마 전 '론리 플래닛'이 선정한 최악의 도시 3위가 서울이었다는 기사를 읽었다. 어쩌다가라기보다는 당연하지라는 체념부터 앞섰다. 도대체가 어떤 추억이든 그것이 고일 여지라는 걸 허하지 않는 곳이 바로 서울이 아닌가 해서다. 집이 좀 낡고 오래되면 어떠랴. 역사가 바로 그러한걸. 사람이 좀 늙고 냄새 나면 어떠랴. 자연이 바로 그러한걸.

하루도 빠짐없이 끼니마다 막걸리를 마셔온 할아버지를 말리기는커녕 술을 담가주기 바빴다는 한 할머니가 말했다. 그걸 내버려둬야지 어쩌겠어. 그래도 속 편하니 저리 말짱한데. 실로 강, 강, 강 가지고 장난질에 바쁜 이들 탓에, 신도 아니면서 주일마다 신 찾는다면서 전지전능한 신 흉내를 내기 분주한 이들 탓에, 욕지기처럼 치미는 분노가 도통 사그라들 줄 모르는 요즘이다. 애국이 뭐 별거인가, 나보다 내 후손들이 어찌 살까 훗날을 걱정한다면 그게 열혈이지. 렛 잇 비Let it be, 할머니 말마따나 그러니까 제발이지 강이든 산이든 길이든 사람이든 가만 좀 내버려두면 안 될까.

화성에서 온 딸,
금성에서 온 아빠

 어쩌다 낭독을 주로 하는 텔레비전 프로그램에 출연하게 되었다. 짧은 시 한 편 찬찬히 읽고 내려오는 게 내 임무였는데 주어진 것이 하필이면 세네갈의 초대 대통령이기도 했던 레오폴 세다르 상고르의 시였다. 대통령이 시를 읽고 시를 쓰는 시인이라니, 이 얼마나 매력적인가. 방송을 본 아빠가 밤늦게 전화를 걸어왔다. 너 순식간에 지나가더라. 아빠, 대통령이 취임 때나 현충일 같은 기념일에 길고 딱딱하고 어려운 연설문이 아니라 짧고 부드럽고 쉬운 시를 낭독한다면 그도 참 아름다운 일이겠어, 그치? 그닥 별말도 아니었는데 그 순간 발끈하고 성을 내는 아빠라니. 야, 대통령이 큰일 하느라 얼마나 바쁜 사람인데 김삿갓이냐, 한가하게 시를 읽고 시나 쓰게.

나는 그만 물불 못 가린 채 버럭 하고 말았다. 그렇게 시작된 부녀지간의 말다툼은 선거철과 맞물려 연일 계속되었다. 부모 자식 간에 무슨 말싸움인가 하겠지만 창밖 유세차량에서 마이크 소리가 여럿 겹쳐 짜증을 불러일으킬수록 우리들도 그렇게 엉켜갔다. 밥을 먹다 숟가락을 내던지고 방문을 걸어 잠근 채 나 굶어죽을 거야 하는 쪽이 아빠라면 꾸역꾸역 아빠가 남긴 밥까지 꼭꼭 씹어 먹고 유유히 커피까지 내려 마시는 쪽이 나였다. 그럼 내가 승자인가. 아니다. 아빠는 뒤끝 작렬이라 그러고 나면 꼭 드러눕는 것으로 나를 자책하고 가책하게 만들었으니까.

앞선 선거에서는 심장이 문제더니 올해는 허리였다. 허리디스크 수술로 제대로 걷지도 못하면서 꼭두새벽에 일어나 목욕하고 절뚝절뚝 투표를 하고 온 아빠는 늦잠에 빠진 나를 깨우지 않았다. 왜 안 깨웠어, 하마터면 못할 뻔했잖아. 허겁지겁 뒤늦게 투표를 마치고 온 내가 항의하듯 묻자 아빠가 말했다. 아깝다, 한 표라도 줄일 수 있었는데. 헉, 지금 장난해? 그러나 나는 안다, 아빠의 장난이 진심이었음을 말이다.

며칠 전 아빠의 생일상을 물리고 간만에 둘이 진지하게 마주앉았다. 세종시에, 사대강에, 천안함에, 예민한 정치적 사항들을 사이에 두고 나름 토론이란 것을 해보는데 얼마 안 가 우린 서로를 외계인이라 칭하고 있었다. 화성에서 온 딸은 화성의 말만 했다. 금성에서 온 아빠는 금성의 말만 했다. 그것이 차이이고 그것이 다름인데 결국은 기다 아니다, 맞다 틀리다, 서로에게 원색적인 비난의 표창을 마구 날리고 있었다. 우리가 누구 덕에 이만큼 안전하게 잘 먹고 잘살게 되었는지 네가 알아? 네가 전쟁을 아냐고!

누구 덕이라. 그 말에 느닷없이 눈물이 핑 돈 까닭은 왜일까. 나는 무너지고 꺾인 아빠의 허리를 쳐다봤다. 일평생 일벌레로 분해 일만 한 아빠 덕에 내가 이렇게 튼실하게 자랄 수 있었는데 우리네 아버지들은 이렇듯 애써 쌓은 은공을 애먼 사람에게 돌리는구나. 나랏일이라면 그 어떤 척도 하지 못하는 아빠의 바보스러우리만치 순정한 애국심 앞에서 나는 한발 뒤로 조용히 물러날 수밖에 없었다.

어쨌거나 선거는 끝났다. 난생처음 개표 방송을 보느라 밤을 새웠다. 시차가 반대되는 나라에서 치러지는 월드컵 본선에서 흥분 반 고래고래 반 생방송으로 우리나라를 응원하다 찌들어

해를 맞은 기분이었다. 눈이 따가웠다. 귀에서는 윙윙 매미 소리가 났다. 어디 가서 딱 한잠만 자고 나면 개운했을 텐데 회사에 출근하니 입이 있는 사람은 누구나 입을 모아 선거 운운하느라 바빴다. 그날 아침 내가 몹시 히스테릭했다면, 그걸 본 후배들이 팀장의 뒷담화를 깔 수밖에 없었다면, 이해하시라. 아무리 내용이 알찼다 하더라도 경기는 이겨야 제맛이라는 승부욕의 소유자가 바로 나니까. 그런 의미로 이제는 바야흐로 혈압을 걱정해야 할 때다. 진짜 월드컵이 시작이다.

그 많던 한아름 슈퍼,
다 어디로 갔나

 어릴 적 수원에서 자취하던 막내이모 집에 놀러 간 적이 있다. 눈이 내리고 난 어느 추운 저녁이었다. 이런 날씨엔 호호 불어 계란 푼 라면 한 그릇이 제격인데, 라고 지나가는 말을 했을 뿐인데 이모가 벌떡 일어나 거실 창문을 드르륵 열었다. 그러고는 맞은편 상가에 자리한 슈퍼 아저씨를 큰 소리로 불렀다. 아저씨, 돈 내일 드릴 테니까 라면 좀 올려주세요. 처음이 아니라는 듯 아저씨는 능숙한 솜씨로 이층 이모의 창을 향해 두 개의 라면을 하나하나 던져 올렸고 이모는 능란한 솜씨로 일층 아저씨가 던져주는 라면 두 개를 차분차분 받아 안았다. 때마침 한아름 슈퍼라는 간판에 환하게 불이 들어오는 순간이었다.

아파트로 이사하기 전까지 우리집 단골 역시 한아름 슈퍼라는 간판을 단 작은 구멍가게였다. 그것도 일종의 유행이었을까. 부흥 쌀집이나 풍년 상회처럼 슈퍼 하면 한아름이라는 풍성함의 뉘앙스를 달던 시절이 있었으니 말이다. 가겟집 아줌마는 누가 누구네 아이인지 다 알았다. 그래서 외상을 달아도 부끄럽지 않았고 소풍날 아침 껌을 살 때면 콜라나 사이다도 덤으로 얻어 마실 수 있었다. 역으로 가겟집 아줌마네 아들이 고등학교에 갈 때는 이집 저집 사전을 사다 안겼고 그가 몰래 숨어 담배를 피우면 이집 저집 어른들이라면 누구나 따끔하게 혼을 냈다. 친척보다 더 자주 보고 사는 이들이 가겟집 식구들이었다. 동네 엄마들은 늘 그곳에서 콩나물이며 두부며 고등어 같은 찬거리를 함께 사며 친목계를 결성하기에 이르렀고, 동네 아빠들은 퇴근길 파라솔 아래 색색의 플라스틱 의자를 서로 당겨줘가며 맥주에 마른 멸치를 곁들인 채 서로의 집안 대소사를 챙기는 친목계를 두텁게 다져나갔다.

일산에 이사를 왔을 때 입주가 다 끝나지 않은 새 아파트여서인지 군데군데 빈 상가가 꽤 되었더랬다. 그럼에도 아파트 맞은편 건물에는 저마다 간판을 달리한 슈퍼 세 곳이 나란히 붙어 장사에 열혈이었다. 어느 날 아파트 후문에서 전단지를 나눠주던 한 아저씨를 만났다. 5단지 한아름 슈퍼, 가격에 상관없이 무엇이든 배달해드립니다. 피는 못 속인다고, 게으른 이모의 조카인 나는 그후 뻔질나게 전화를 해댔다. 아저씨 달지 않은 하드로 아무거나 골라서 다섯 개요. 아저씨 세제인데 친환경으로 가격 상관없어요. 아저씨 상주참외로 너무 크지도 작지도 않고 절대 안 곯은 걸로요. 그때마다 아저씨는 무좀양말에 슬리퍼를 신은 발을 꼼지락거리며 작은 봉지 몇 개 든 손으로 현관 앞에 서 있곤 했다.

슈퍼 세 곳 중 두 곳에 '세 놉니다'라는 삐뚤빼뚤 글씨가 붙은 건 그때로부터 얼마 지나지 않아서였다. 아파트 정문 앞에 대형마트에서 운영하는 체인 슈퍼가 들어서버린 것이다. 개업 기념으로 장바구니를 준다 했다. 카드를 만들면 포인트를 두 배나 적립해준다는 광고에 귀가 솔깃해져 매일같이 과한 할인율로 유혹하는 참치며 치약이며 과자봉지를 사서 수납장마다 켜켜이 쌓아두기 바빴다. 혼자 사는 살림에 금방 전쟁이 날 것도 아닌데 뭔가 사들이지 못해 안달인 나날들이었다.

오래지 않아 5단지 한아름 슈퍼마저 문을 닫았다. 유리창에 얼룩덜룩 미처 다 떼지 못한 스티커 자국 같은 쓸쓸함도 조금씩 잊혀갈 무렵 간판 하나가 새로 걸렸다. 어쩌구저쩌구 닭집. 앞서 터를 잡았던 세 군데 슈퍼를 다 터서 만든, 탁자가 족히 스물은 넘어 뵈는 초대형 가게였다. 개업과 동시에 월드컵이라는 호재를 만난 복으로 닭집 오토바이는 쉴새없이 빵빵 소리를 내며 아파트 안팎을 내달렸다. 따르릉따르릉 자전거를 타고 가다 만날 때면 머리 숙여 인사하던 슈퍼 아저씨는 지금 어디에서 무얼 하며 사시려나. 모아놓은 영수증 가져오면 그거 합산한 금액의 십 퍼센트만큼 주전부리 골라 가라 했는데 말도 없이 줄행랑을 치셨으니 잊지 마시라, 빚은 내가 아니라 아저씨가 진 거다, 뭐.

:
댁의 여름은
안녕하십니까?

 연일 폭염이다. 이맘때마다 텔레비전에서든 라디오에서든 이 계절의 주제가처럼 흘러나오는 노래가 있다. 흥에 겨워 여름이 오면 가슴을 활짝 열라던 바로 그 〈여름〉 말이다. 한양대 노래모임 '징검다리'가 부른 것으로 기억하는데 검색해보니 1978년 TBC 해변가요제 최우수상곡이다. 지금으로부터 삼십여 년 전의 노랫말과 멜로디인데 신기하게도 부를 때마다 오늘의 유행가처럼 박자에 맞춰 고개 까딱거리게 된다. 나이 불문하고 각자 가장 순수했던 한 시절로 돌아가 청춘의 입 모양을 그리게 한다. 여름은 젊음의 계절, 여름은 사랑의 계절이라지만 나는 요즘 이 노래에 종종 토를 단다. 과연 그래? 그럴까? 세상에 이럴 수 없는 일이 세상에 이런 일로 꽝꽝 터지고 있는 요즘, 나는 자다가도 벌떡 깰 때가 많아졌다. 더워서가 아니다.

혹시 나 죽은 건 아닐까 싶어서다.

  어느 날 한 남자가 한 여자를 살해한다. 성매매를 직업으로 하는 여자를 너무 사랑한 나머지 벌이고 말았다는 남자의 집착 어린 범죄에 그렇게 안 돌아오는 사람이 비단 그녀만은 아닐 거라 생각했다. 어느 날 죽은 지 칠 년가량 된 백골 시신이 서울 마천동에서 발견된다. 자연사를 했든 동거남이 살해를 했든 그렇게 돌아오는 사람이 비단 그녀만은 아닐 거라 생각했다. 어느 날 한 택시 기사가 숨진 채 발견된다. 태풍에 의한 갑작스런 폭우로 고장 난 차 안에서 미처 빠져나오지 못한 채 물에 잠겨야 했다지만 그렇게 황당한 죽음을 맞는 사람이 비단 그만은 아닐 거라 생각했다. 어느 날 한 농장 주인이 모자이크 처리된 얼굴로 통명스럽게 인터뷰를 하고 있다. 반달곰 쓸개에 주사를 꽂고 쓸개즙을 뽑아내는 게 합당한 일이라며 법도 모르면서 떠들어대고 있지만 그렇게 겪는 미친 고통이 비단 반달곰의 일만은 아닐 거라 생각했다.

  팔순 넘은 외할아버지가 한 달 넘게 사경을 헤매고 계신다. 하루에 두 번 삼십 분이 주어지는 중환자실 면회중에 이제 마음의 준비를 하셔야겠습니다, 라고 의사가 말했다. 아들 딸 며느리 사위에 손자 손녀까지 도합 서른이 넘는 가족들이 속속 병원으로 모여들었다. 초등학생 사촌 동생부터 환갑 넘은 아빠까지 그렇게 모이고 보니 소규모 대한민국이었다. 따지고 보면 우리들이 기다리는 건 외할아버지의 죽음 선고이지 않겠는가. 누군가의 죽음을 맞을 준비로 시계를 보고 휴대전화를 꺼내 그 진동을 끊임없이 확인하는 건 어차피 가망이 없으셨기 때문이다. 예고된 죽음 앞에 우리들은 저녁에 대식구들이 몰려가 먹을 식당을 고르는 게 더 고민스러울 만큼 일상의 평정을 유지하고 있었다. 매정하다 손가락질할 수도 있겠지만 말도 많고 탈도 많은 이 나라에서 이렇게 죽음을 준비할 수 있는 것도 복이라면 운수대통이지 않겠는가.

날이 더워 하드나 사 먹을까 하여 집 앞 편의점에 들렀다. 파라솔 아래 건장한 체격의 남자들이 맥주를 병째 나발불고 있었다. 늘어진 흰색 러닝에 물 빠진 반바지를 세트인 양 맞춰 입고 형님 먼저 아우 먼저 오징어를 건네며 질겅질겅 씹던 그들이더니만 어느 순간 쌍욕을 주고받으며 험악한 분위기를 조성해버리는 것이었다. 큰 파열음과 동시에 병이 깨지고 깨진 유리 조각으로 죽이니 살리니 하는 큰 싸움판이 벌어졌다. 엉겁결에 장을 보게 된 나는 힐끔힐끔 그들을 피해 황급히 편의점을 빠져나올 수밖에 없었다.

 그러나 구경은 뭐니 뭐니 해도 싸움 구경임을 아는 까닭에 나는 뭘 더 살 것이 있었다는 듯 다시금 편의점을 찾아들어갔다. 싸움은 이미 종료되었고 서로 잡아먹지 못해 안달이던 그들은 이 복중에 어깨동무까지 한 채로 맥주병째 건배를 하며 유쾌하게 웃느라 정신이 없었다. 뭐냐, 이 황당한 시추에이션은. 이 여름, 한국에서 산다는 일이 글쎄 참 이 모양이다.

걱정과 낭만 사이

독거 여인으로 늙어가는 세월도 꽤 되었다. 그사이 별별 일이 참 많았고 이를 홀로 겪으면서 나름 세상살이에 내성이란 게 생겼다 싶은데 그때마다 처음인 듯 여전히 두려워하는 일이 있다. 한밤중 혹은 잠결에 느닷없이 쏟아지는 큰비다. 이를테면 천둥이나 벼락 따위를 동반한 폭우다. 이불을 뒤집어쓴 채 죄짓지 말자, 아니다 죄 안 지었다, 몇 번을 되뇌다보면 문득 내가 찾는 게 신이 아니라 사람 아닐까 싶어진다. 그것이 외로움인지는 모르겠지만 그래서 사람들이 결혼이라는 걸 하나, 어쨌거나 부모의 채근이 적잖이 이해되는 요즘이다.

비가 오면 일부러 온몸이 흠뻑 젖은 채로 신이 나 집에 달려가던 한 시절이 있었다. 초등학교 5학년이던 어느 날 내 등짝을 때리며 엄마가 말했다. 어머, 너 당장 브래지어 차야지 못쓰겠구나. 그렇게 어른이 된 후 나는 우산을 버려본 적이 없다. 비가 오면 일부러 교복에 맨발로 슬리퍼를 신고 친구와 팔짱을 낀 채 시내를 활보해도 부끄럽지 않던 한 시절이 있었다. 고등학생이던 어느 날 내 귓가에 다가와 친구가 속삭였다. 어째, 나 남자친구가 생겨버렸는걸. 그렇게 어른이 된 후 나는 우산을 버려본 적이 없다. 비가 오면 일부러 중국집에 죽치고 앉아 짬뽕 국물에 고량주를 시켜놓고 선후배들과 비밀을 공유하기 바빴던 한 시절이 있었다. 대학생이던 어느 날 한 선배에게 참속없이도 사랑을 고백했다. 글쎄, 미안하지만 나는 네 사람이 아닌 것 같아. 그렇게 어른이 된 후 나는 우산을 버려본 적이 없다.

집에 들어와 현관문을 여는데 신발장 벽면에 세워둔 긴 우산이 연이어 쓰러져 포개진다. 도합 네 개다. 혼자 사는 집에 우산이 넷이라니, 엄마가 봤다면 혼쭐이 났겠다 싶어 애써 외면하는데 신발장 서랍 속에서 접이식 우산이 세 개 더 나온다. 혼자 사는 집에 우산이 일곱이라니, 엄마가 봤다면 매 좀 들었겠다 싶어 애써 감춰볼 요량으로 두리번거리는데 웬걸, 가방 속에 접이식 우산 하나가 더 들어 있다. 혼자 사는 집에 우산이

여덟이라니, 엄마가 봤다면 헤픈 딸 때문에 슬프겠구나 싶었는데 이상하지, 변명거리가 자꾸만 생겨나지 뭔가. 마른하늘에 비 쏟아질 적 많았는데 난들 어쩌라고요!

또다시 태풍이 북상중이다. 생각만으로도 이맛살이 절로 찌푸려진다. 비가 내리고 음악이 흐르면 난 당신을 생각한다는 멜랑콜리한 노래들을 즐겨 부르던 한 시절이 내게도 분명 있었건만 비가 오면 일단 짜증 섞인 한숨부터 푹푹 쉬게 된 건 직장인이 되고 나서부터인 듯싶다. 이른바 걱정을 걱정하기 시작한 것이다. 비가 오면 허름한 전집에서 막걸리를 한잔하고 싶어도 내일의 출근 걱정과 내일의 뱃살 걱정과 내일의 후회 걱정으로 애먼 비만 물고 늘어지게 된 것이다. 그렇게 어른들의 앞서 걱정하는 못된 버릇을 나도 모르게 배워버린 것이다.

영화 〈아저씨〉에 이런 대사가 나온다. 니들은 내일만 보고 살지? 난 오늘만 산다! 원빈이 이 대사를 읊을 때 객석에서는 여자들이 멋있다고 악을 쓰며 자지러졌다고들 하지. 원빈이 멋있기도 했겠지만, 대사가 완벽하기도 했겠지만, 따지고 보면 그게 인생 아닌가. 되도록 비를 맞지 않기 위해 노력하는 것도 인생이지만 어쩌다 비를 맞을 수밖에 없는 어찌할 수 없음도 인생이니까.

    아파트 천장에서 물이 샌다. 관리사무소 아저씨를 기다리는데 천장에서 떨어지는 빗물이 빗물받이 대용으로 받쳐둔 세숫대야 위로 똑똑 떨어진다. 숲속 작은 집 처마 밑에서 듣는 빗방울 소리 같다. 음, 노력하면 걱정도 낭만이 아니 될까.

다정한 약속일수록
왜 연약할까

 본격적인 가을이고 보니 주말마다 결혼식장 다니느라 바쁘다. 지난 토요일에도 도합 세 건의 결혼식이 있었고 이번 토요일에도 청담과 남산, 두 곳을 에둘러야 한다. 길일이란 게 있으니 한날임을 피할 수 없음은 어쩔 수 없겠지만 시간까지 겹치고 보면 대략 난감인 채로 친분의 정도랄까 그 가늠 앞에 절로 서게 된다. 돈만 보낼 것이냐 아니면 몸에 돈을 실을 것이냐. 그즈음 전화벨이 울린다. 문자메시지도 연이어 도착한다. 민정아, ○○ 결혼식에 갈 거지? 봉투 좀 부탁해, 네 계좌번호 꼭 찍어주고. 그제야 나는 확실히 알게 된다. 아, 나는 ○○와 아주 친하구나.

 봉투를 부탁한 이들이 꽤 되는 탓에 결혼식장 앞 은행 현금

인출기에서 없는 돈에 있는 돈을 탈탈 털어 가방 깊숙이 집어넣는다. 흰 봉투를 여러 장 받아 든 채 화장실로 가서는 변기 위에 앉아 검지에 침을 묻혀가며 돈을 세고 이를 제각각의 봉투 속에 나눈다. 사람마다 불러준 액수가 달랐으므로 봉투 뒷면에 까만 사인펜으로 정확하게 이름 쓰는 것 또한 잊지 않는다. 그제야 나는 확실히 알게 된다. 아, 너는 ○○와 별로 친하지는 않구나.

'친親'이라는 글자 하나를 사이에 두고 아슬아슬 연막전을 펴는 사람들이 모여 있는 결혼식장에서 내가 줄곧 하는 일이란 이를테면 두리번거림이다. 반가운 얼굴들과 오랜만에 만나 좋기도 하겠으나 반갑지 않은 얼굴들이 쌀알 속 모래알처럼 뒤섞여 있기 때문이다. 그러고 보면 세상 참 좁다, 그치? 애써 눈을 맞추게 되는 얼굴들과 애써 눈을 피하게 되는 얼굴들 사이에서 빚어지는 대화란 싱겁기 그지없어 애꿎은 신랑 신부만이 빈번히 도마 위에 올라앉게 된다. 두 사람의 가족 내력부터 연애 내력까지 굳이 안 해도 될 말을 국수 불어터지는 줄도 모르고 해대다보면 아, 그래 그건 죄라서 신랑 신부 축하하러 와서는 괜스레 미안한 마음을 체기로 얻어가기도 하지 뭔가.

다들 결혼들 하고 평범하게들 사는데 너는 뭐가 그렇게 잘났냐. 사촌동생의 예식을 마치고 집에 내려가는 엄마의 전화였다. 난 나중에 웨딩드레스 같은 건 절대로 안 입을 거야. 인신공격 얼마나 심하겠어. 결혼식 같은 것도 절대로 안 할 거야. 이거 완전 내 돈 내고 밥 먹기 아냐. 나는 양가 가족들끼리 조촐하게 밥이나 먹고 여행이나 푸지게 떠날 거야.

예식 끝에 사람들과 인사를 나누면서 습관처럼 휴대전화를 열었다. 마치 전화번호가 없어서 그간 연락을 못했다는 투로 엄살을 떨었는데 어렵쇼, 번호가 있다. 그것도 최근에 바뀐 번호로까지 저장되어 있다. 오리발 아닌 거짓 시늉으로 다시금 불러주는 대로 입력을 하면서 평소처럼 말을 보탰다. 우리 얼굴은 보고 살자, 내가 곧 연락할게.

늦은 밤 메일함을 여니 뉴욕에서 귀국한 지 얼마 안 된 번역가 언니로부터 메일 한 통이 도착해 있었다. 보고 싶다는 마음은 우리 서로 확인했지요? 그럼 우리 언제 어디서 만나는 건가요? 순간 얼굴이 화끈거렸다. 한국만 와보세요, 없는 운전면허 당장 따서 전국 일주 시켜드릴게요라고 날렸던 나의 공수표가 불쑥 돌아와 얼굴을 내민 까닭이었다.

"왜 서울에선 친구들끼리 미리 약속을 하지 않는 걸까? 만나고 싶은 사람일수록 미리 약속을 잡아 확실히 해두고 그 약속을 기대하는 시간을 갖고 싶은데. 다정한 약속일수록 연약하다. 정말로 왜 그럴까?"

정말로 왜 그럴까. 블로그에 올라온 언니의 글을 읽으며 제발 저린 김에 생각해봤다. 역시 약속은 다정이 아니라 매정해야 지켜지는 법. 저기 담에 봐 하고 손 흔들며 지나가는 친구가 있고, 다이어리 펼친 채 언제 봐? 하고 쫓아가는 친구가 있다고 하자. 속는 셈 치고 한번만 더 믿어주시라. 돌아보면 그 친구, 내 얼굴일 수 있게 용써볼 테니.

:
실은 우리 매일같이
시를 산다

　내 이름 옆에 종종 '시인'이라는 껍이 딱지처럼 붙어 있는 걸 본다. 여고 졸업 후에 연락이 끊겼던 친구들이 가끔 그 껍딱지를 보고 연락을 해올 때가 있다. 그러면서 말한다. 시집 좀 사인해서 보내주라. 처음에는 그 마음을 고마움으로 알아 일일이 주소를 불러라, 몇 권이나 보낼까, 아름답게 응대했다. 그러나 날이 갈수록 그 마음이 미움으로 비뚤어져갔다. 웬만한 서점에서는 다 파니까 가서 좀 사라. 누가 인천 짠년들 아니랄까 꼭 그렇게 티를 내냐.

　얼마 뒤였을 것이다. 하루는 한 친구가 전화를 걸어왔다. 야, 여기 서점인데 네 시집 없대. 네 이름 말하니까 탤런트 김민정이 언제 시집도 냈냐고 그래. 나는 출판사 이름을 말해주고 시집 코너로 다시 가보라고 했다. 코너라고 할 것도 없어, 여기 시집 몇 권 꽂혀 있지도 않다니까. 그래도 인천에서는 나름 유서 깊은 서점이었다. 교복 입은 내가 자율학습 땡땡이치고 슬리퍼 신은 채로 가서 기형도나 시운동 동인의 시집을 사가기도 한 그 서점이었다. 직접 눈으로 확인한 것은 아니지만 대략의 모양새가 그려졌다. 나는 인터넷 서점에서 내 시집 몇 권을 주문했다. 쓸쓸했다. 그렇다면 내 동료 시인들의 그 많은 시집은 다 어디 가 꽂혀 있단 말인가.

몇 해 전 한 출판사에서 시집 시리즈를 기획하고 편집하는 일을 맡았다. 밤낮없이 시집 만드는 재미에 푹 빠져 한 달이 멀다 하고 신간을 펴냈다지만 문학을 중심으로 삼는 회사가 아닌 탓에 종종 많은 이와 부딪쳐야 했다. 하루는 한 마케터가 회의중에 내게 물었다. 시집, 꼭 그렇게 하셔야겠어요? 재고 때문에 창고가 난리예요. 대체 팔리지도 않는 걸 왜 이렇게 내는지 원. 꼿꼿했던 허리가 풀어지면서 일순 내 하이힐이 비칠, 했다. 모든 책은 다 한 편의 시거든요. 참나, 먹고살기도 힘든 마당에 시는 무슨 시요, 돈도 없어 죽겠는데. 존댓말을 유지하던 평정심이 무너지면서 순간 내 입에서 반말이 가래처럼 튀어나갔다. 야, 너 어차피 죽을 건데 살긴 왜 살아.

지금껏 시란 무엇인가, 라는 물음 앞에 나는 종종 무릎을 꿇어왔다. 말이 안 나오니 몸이 알아서 고개를 수그렸다. 답답했다. 영화 〈시〉를 봤다. 내 이럴 줄 알았다. 시, 이거 더 모르겠으니 원. 시가 뭔지 모르는 채로 나는 오늘도 시집 만드는 일로 분주하다. 명백한 모순인 걸 알지만 이 일로 얻은 행운이라면 시집으로 묶이지 않은 시인들의 따끈따끈한 속살을 가장 먼저 만질 수 있다는 것이고, 불운이라면 그들의 감각에 치여 내 시의 촉을 잃고 놓치게 된다는 것 정도랄까.

나는 자주 서점에 나가는 편이다. 시집 매대는 그야말로 소박한 밥상이다. 국도 밥도 반찬도 메뉴가 다양하지 않다. 말마따나 그 나물에 그 밥일 때가 태반이다. 초판 이천 부를 찍으면 평균 절반도 채 소화하기가 힘들다는 시집 시장에서 몇 만을 훌쩍 넘는다는 우리나라 시인의 수를 가늠해봤다. 간혹 어떤 시인의 시 구절이 떠오르지 않을 때 시집을 찾는 것이 아니라 인터넷 검색창에 시 제목을 치고 있는 나의 습관에 대해서도.

여의도에서 홍은동까지 택시를 타고 가는데 대낮에 차들이 꼬리에 꼬리를 문 채 서 있었다. 창 너머로 내다보니 흰 푸들

한 마리가 도로 한복판에서 오들오들 떨고 있는 것이었다. 머리에는 빨간 리본이, 네 발에는 빨간 신발이, 몸에는 빨간 니트를, 묶고 신고 입은 채였다. 누가 작심하고 갖다버린 거로구만. 그러나 누구 한 사람 차에서 나와 개를 안아 들지 않았다. 여기저기 사람들의 차에서 다양한 소리의 클랙슨이 짜증스럽게 울려 나와 뒤섞였다. 두리번두리번 어디로 가야 할지 모르는 채로 꿈쩍 않고 선 푸들 한 마리의 위태로움, 나는 거기서 시를 보았다.

책책책,
이제 책 좀 읽읍시다

 장편소설을 한 권 만들었다. 작가 이름은 김남일. 축구 잘하는 선수와 동명이인이라 축구하면서 언제 소설을 다 썼대?라는 반응을 불러일으킬 만큼 일반 대중에게는 널리 알려지지 않았으나 동료 작가들에게는 소신과 의리로 알려진 집념 있는 필력의 소유자다. 그런 그의 책 제목은 『천재토끼 차상문』. 원제는 '슬픈 토끼'였으나 편집자인 내가 박박 우겨 짓고 보니 그랬다. 어쨌거나 토끼로 태어난 한 사람이 지구를 걸고 벌이는 이야기가 너무 재미나서 책을 만들 때 누구나 베스트셀러를 꿈꾸듯 사심으로 덤볐으나, 책은 어느 순간 판매보다 반품의 수가 곱절을 넘을 만큼 무참히 잊혀갔다. 인쇄소에서 빛으로 눈을 떠 창고에서 어둠으로 눈을 감는 대다수 책의 슬픈 운명. 그러나 우리 모두 뜨겁게 태어나 차갑게 죽듯 누군들 그렇게 시작했다 그렇게 끝나지 않으랴.

그러다 지난여름 작가의 투병 소식을 들었다. 냅다 서울의 한 대학병원으로 뛰었다. 위암 수술을 마치고 회복중이었는데 그는 환자가 아니라 보호자가 아니라 마치 집도한 의사처럼 전문적인 해설을 곁들여가며 내게 조리 있게 자신의 병에 대해 설명하는 거였다. 하여튼 누가 소설가 아니랄까봐 아는 것도 참 많으세요. 나는 혀를 찼다. 무엇보다 그의 한 손은 여전히, 책이었다. 머리맡에도 몇 권의 책이 몇 번 들춰진 모양새로 쌓여 있었다. 하여튼 누가 소설가 아니랄까봐 이 와중에도 참 유난이세요. 나는 눈을 흘겼다. 동료들의 도움으로 무사히 퇴원까지 마친 그가 길고긴 항암 치료에 들어갔다. 그사이 나는 또 다른 책들과 만나느라 그를 잊고 지낸 것도 사실이었다. 그러던 어느 날 아침 예상치 못한 수량의 책 주문을 받았다. 다음날도 그다음날도 주문은 계속됐다. 책이 팔린다는 기쁨보다 일단 의아스러움이 더 컸다. 대관절 이게 무슨 일이람. 알고 보니 인기리에 방송중인 드라마에서 얼굴이 조막만하고 선한 눈매를 가진, 우월한 유전자의 한 남자 배우가 의미심장한 표정으로 이 책을 펼쳐 읽었다고 했다. 그 시간이 아주 찰나이긴 하였으나 알아본 사람들이 만든 갈무리 화면이 여기저기 돌아다니는 탓에 입소문도 퍼졌다고 했다.

  책 관련 특강을 다니다보면 가장 많이 받는 질문이 이거다. 무슨 책을 읽어야 할지 모르겠어요. 꼭 읽어봐야 하는 책을 추천해주실 수 있나요? 우리나라에서 가장 크다는 책 매장에 하루 평균 입고되는 책이 삼백여 종쯤 된다고 한다. 계산기를 두드려보니 매년 십만 권이 넘는 신간이 쏟아지는 셈이다. 어마어마하면서 무시무시한 양이다. 그럼에도 직장인들 한 달 평균 도서비가 삼만 원이 채 안 된다고 하니, 내 카드 명세서 속 소주와 맥주와 곱창과 노가리의 가격을 떠올리며 잠시나마 책에게 미안한 마음이 들지 않을 수 없던 것도 사실이었다.

  흘러간 예능 프로그램 중에 〈책책책 책을 읽읍시다〉라는 코너가 있었다. 전국을 다니며 책을 소개하고 독서를 권장하며 나아가 도서관을 지어주는 기획이었는데, 출판계 안팎으로 이런저런 부작용을 낳기도 했다고는 하나 지금 와 생각해보면 그런 취지라도 '있었던' 게 어딘가 싶다. 그래도 그땐 사람들이 '그 책들'이라도 사서 보지 않았던가. 공익이라는 이름으로 유지되는 텔레비전 채널에서 책을 말하거나 책을 보이기는 한다지만 시청률을 평계 삼는 건, 그 결과로 폐지 운운의 책임을 우리에게 전가하는 건, 말마따나 눈 가리고 아웅 식의 억지가 아닐까.

  흔히 텔레비전에 나온 누구누구가 든 가방 봤어? 누구누구가 입은 옷도 유행이라며?라고들 입방정을 떤다. 나는 꿈꿔본다. 텔레비전에 나온 누구누구가 든 소설책 봤어? 누구누구가 든 시집도 유행이라며?의 시절을. 물론 PPL이라는 이름으로 출판사들 책 광고 책 홍보에 바쁘지만서도 그와는 별개로 배우가 저 좋아서 산 책, 저 좋아서 읽던 책, 저 좋아서 못 내려놓는 책 좀 클로즈업해주면 안 되나. 걸어다니는 화보집인 배우들에게 지적인 소품들 가운데 책만한 게 어디 있다고.

2011년

이토록 사소한
다짐 하나

한 살을 먹는다. 보신각 종소리를 들으며 해피 뉴 이어, 사람들에게 신년 문자를 보내던 것이 엊그제 같은데 또다시 그 풍경을 맞닥뜨리고 있다. 점점 한 해가 한 달 같고 한 해가 하루 같고 한 해가 한순간 같아진다. 큰일이다. 이거 늙는다는 증거 아닌가. 센티멘털해져서는 방으로 들어와 새로 산 다이어리를 펼친다. 스물이 되면 서른이 되면 정말이지 아주 완벽한 인격의 소유자인 완전한 어른이 될 줄로만 알았는데 마흔을 향해 맹렬히 달려가고 있는 요즘의 나는 사전적인 의미로 아직 어린이인 것만 같다. 다 자라지 못한, 그래서 제 한몸 책임지기에 미숙한 그 어린 어린이.

작년 연말 무렵 발가락이 부러지면서 뜻하지 않게 무릎께까지 깁스를 하게 되었다. 매일같이 계속되는 약속에 모임에 하도 힘이 들어 아 누가 날 때려서 억지로라도 병원에 입원하고 싶다, 입방정을 떨어대다 그만 쌤통이었던 거다. 고작해야 문지방을 걷어찬 것뿐인데 응급실에 도착하자마자 휠체어에 옮겨졌다. 아 저 무거운데. 그래봤자 육십 킬로그램 넘으시겠습니까. 휠체어를 밀어주시는 병원 관계자 분이 슬쩍 내 발을 보며 말했다. 이참에 귀한 체험하신다 생각하세요. 평생에 그런 경험 한번 해보는 것도 큰 공부가 아니겠습니까.

자고 나니 내 세번째 발인 목발이 떡 버티고 서 있었다. 반짝반짝 은빛으로 전형적인 새것의 얼굴이었다. 이걸 어떻게 짚나, 그 한 발을 겨드랑이에 끼고 거울 앞에서 이리 갔다 저리 갔다 몇 걸음을 디뎌봤다. 불편함을 넘어선 어색함이 내 얼굴에 가득했다. 하필 폭설이었다. 게다가 혹한이었다. 거리 위에서 나는 목발을 상전처럼 모셔야 했다. 장마철 빗물이 가득 고인 고무장화를 신은 채 침대 위에 누운 느낌이랄까. 불면증의 나날이었다.

사는 게 사는 게 아니라고 푸념을 늘어놓던 나는 어느새 하루하루 사는 게 사는 거지 뭐, 라는 식의 긍정적 마인드를 찾아

갈 수 있었다. 목발 짚고 달리기 대회에 나가면 나 일등할 거야, 라고 떠들 만큼 나날이 목발에 적응이 되었던 거다. 그제야 목발로 사는 이들의 세상살이에 대해 객관적으로 볼 수 있고 말할 수 있는 눈과 귀가 만들어지는 듯했다.

정류장에 버스가 선다. 버스에 오르기 위한 턱이 허들처럼 높다. 나는 최대한 한쪽 다리에 힘을 준 채 점프하듯 올라선다. 사람들은 그런 나를 그저 구경할 뿐이다. 아마 저렇게 힐끗거리는 사람들 중에 그 옛날 나도 있었을 것이다. 마음이 없어서가 아니란 것을 그래서 더 잘 안다. 누군가에게 손을 내미는 일에도 용기가 필요하기 때문이다.

지하철을 타기 위해 계단을 걸어내려간다. 나는 당연히 느릴 수밖에 없고 더딜 수밖에 없는데 사람들은 너무나도 바쁘다. 내 뒤에서 나와 속도를 맞춰줄 여유가 없기 때문에 신경질을 내며 앞선 사람들 틈을 파고드는 또다른 사람들. 아마 저렇게 씩씩거리며 제 걸음에 집중하는 사람들 중에 그 옛날 나도 있었을 것이다. 마음이 없어서가 아니란 것을 그래서 더 잘 안다. 누군가에게 시간을 할애하는 일에도 용기가 필요하기 때문이다.

신년을 맞아 여기저기서 올해의 사자성어를 뽑고 발표하는 걸 보았다. 여세추이, 민귀군경, 지성진력…… 한자를 잘 모르는 나는 그들이 해석하는 대로 내용을 풀어 읽다가 나한테 맞는 뭔가가 없을까 꼼꼼 뒤적거렸다. 에이 모르겠다. 역시 나에게는 쓰기도 쉽고 알아먹기도 쉬운 역지사지가 단연 최고였다. 간만에 다이어리 맨 앞장에 易地思之라고 한자로 멋들어지게 써보았다. 네가 총을 쏘았으니 나도 총을 쏠 게 아니라 네가 총을 쏠 수밖에 없음을 이해하는 배포. 욕심일까. 어쨌거나 한번 깁스들 해보시라. 안 해보고는 말을 하지 마시라. 새해 덕담치고는 좀 거시기하다는 거 인정.

내가 가장 나중 지니인 집

 두 달 뒤면 지금 살고 있는 집에서 이사를 해야 한다. 계약서에 사인한 대로 꼬박 이 년을 채운 것이 지난 연말이었으나 집을 보러 오는 이도 없고 자고로 이사라 하면 꽃피는 봄이 좋지 않겠는가, 주인아줌마와 합의하에 미루고 보니 이 지경에 다다르고 말았다. 그렇다. 하필 전세 대란이란 얘기다. 늘 그렇듯이 대책은 없고 우려만 있는 뉴스, 지겨워 짜증나 하면서도 틀어놓고 있노라니 한숨이 절로 나온다. 나는 또 어디로 가야 하는가. 부모님 집을 나와 혼자 산 지 올해로 팔 년째, 그사이 도합 다섯 번의 이사를 했다. 잦은가, 무난한가, 적은가, 이사의 횟수를 두고 뭐라 가늠할 수 없는 것은 집 없는 자들의 설움이 저마다 다르기 때문일 거다. 어떤 이는 빚을 낼망정 이사를 참았을 것이고 또 어떤 이는 빚을 낼 수 없어 이사를 택했을 것이니.

첫 집은 왕십리 근처의 한 오피스텔이었다. 쓰러질 듯 무너져가는 재개발 지역에 저 혼자 잘났다고 우뚝 솟아 있는 십칠층 건물에서 나는 채 일 년을 못 살았다. 밤이면 슬픈 얼굴을 한 남자 귀신이 외롭다고 놀아달라며 내 방 창문에 매달렸다. 가위 눌림을 수없이 반복하다 풍수지리 운운하며 터 좋기로 소문난 광화문의 한 오피스텔로 두번째 이사를 했다. 대학 시절 난생처음 한 장군의 동상을 올려다보며 강감찬이다, 했던 촌스러운 내가 이순신 동상을 배경으로 중국인 관광객들에게 잘난 척 사진을 찍어줄 즈음 또다시 나는 짐을 꾸리고 있었다. 전세에서 월세로, 매달 아들의 학원비로 쓸 현금이 필요하다며 집주인 참 보무도 당당하게 나가라고 해댔으니 말이다. 그후로 남산, 마포, 일산까지 직장을 따라 세 번의 이사를 더 반복했다. 산이 좋아, 홍대가 좋아, 시골이 좋아, 까다로운 입맛대로 옮기다보니 내 나이 여성들의 비밀병기라 할 수 있는 변변한 적금통장 하나 마련하지 못한 것도 사실이다. 엄마는 볼 때마다 한심하다며 혀를 차지만 어쩌겠는가, 나도 다 잘살아보겠다고 한 짓이었는걸.

설 명절을 앞두고 포장이사 사장님의 선물이 도착했다. 커다란 박스가 민망할 정도로 가벼운 무게감에 뜯어보지 않고도 예년처럼 두루마리 휴지를 보냈구나 알아차릴 수 있었다. 이사 업계의 우수고객이 된 것을 뿌듯하게 생각해야 하나, 고마움과 쓸쓸함을 고루 안고 집으로 향하는데 아파트 입구에 웬 사다리차다. 이삿짐을 싣고 나르는 모양새야 한두 번 본 것이 아니나 눈이 수북하게 쌓인 토요일이었고, 게다가 저녁 일곱시가 넘은 밤이었다. 엘리베이터는 십일층에서 내려올 줄 몰랐다. 그때 어디선가 한 여자의 울음소리가 들렸다. 일층에서 이층으로 올라가는 계단 위에 한 여자가 앉아 있었다. 너 때문이라느니, 억울하다느니, 불쌍한 애들은 이제 어쩔 셈이냐며 누군가와 통화하며 흐느끼는데 말끝에 이렇게 반복적으로 추임새를 넣고 있었다. 내 집, 내 집, 내 집 내놓으라고!

박완서 선생님의 부음을 들었을 때 가장 먼저 떠오른 것은 묘하게도 선생님의 얼굴이 아니라 선생님의 소설이 아니라 선생님의 집이었다. 볕이 좋은 어느 날 창가 옆 소파에 소녀처럼 얌전히 앉아 계시던 선생님이 마당으로 고개를 돌려서는 나무며 계절이며 영화며 여행이며 책을 이야기하시는데 연신 나는 선생님처럼 되고 싶다, 가 아니라 이 집에서 살고 싶다, 라고 발음했던 것 같다. 참으로 안도가 되는 평화 속에 한몸처럼 한 덩어리로 한 풍경을 이루던 사람과 집. 바쁠 필요도 없고 시끄러울 필요도 없고 느리면 느린 대로 고요하면 고요한 대로 흘러가는 삶의 어떤 숨 같은 거, 호흡 같은 거, 우리가 바라는 집이란 결국 이러한 여유 아닐까.

2011년 1월 22일, 선생님은 꽁꽁 언 땅을 열고 누구도 열어볼 수 없는 당신만의 비밀스러운 집을 찾으셨다. 누군들 가장 나중 지니인 집이 그러지 아니할까. 선생님의 명복을 빈다.

:
있을 때 잘해,
나는 돼지야

2011년의 마스코트인 토끼에게는 미안한 노릇이지만 일단 돼지 얘기부터 좀 꺼내야겠다. 서운해도 어쩔 수 없다. 따지고 보면 토끼여, 너희들이 어제오늘 한국의 돼지로 태어나지 않은 것은 얼마나 다행스러운 노릇이더냐. 걸리고 싶어 걸린 것도 아니고 죽으려고 일부러 작정한 것도 아닌데 삼백만 마리가 넘는 돼지가 산 채로 땅에 묻혔다. 스위스와 오스트리아 사이의 소국 리히텐슈타인의 인구가 삼만오천인 걸 감안한다면 그야말로 한 국가가 사라져버리고도 남을 어마어마한 수다. 그리고 간밤에 땅속에서 썩은 돼지 사체가 퍽 소리와 함께 땅을 뚫고 위로 솟았다는 말을 들었다. 그럼 그렇지. 밑도 끝도 없이 강을 마구 파헤칠 때부터 내 알아봤다만, 역시나 기대를 저버리지 않는 이 나라 이 정권의 묘기 대행진 한번 진기명기이기도 하다. 그러니 내게 엽기적인 시인이라 지탄들 하지 마시라. 나의 상상력은 이들이 눈앞에서 펼쳐 보이는 현실에 비하자면 보통 평범한 것이 아니니.

언제부터 돼지가 돼지로 불렸는지는 모르겠으나 돼지가 돼지기 바쁜 요즘이고 보니 거리에 한 집 걸러 간판을 내건 돼지 부속 관련 음식점만 봐도 오래 눈이 간다. 머리부터 발끝까지 구석구석 버릴 게 없는 것이 정말이지 돼지, 아닌가. 소문난 돈가스 가게 앞에서 돈가스 정식 한번 먹어보겠다고 이십 분 이상 줄을 서서 기름 냄새를 맡고 있자니 한때 애칭이랍시고 날 돼지야, 하고 불렀던 한 남자가 떠올랐다. 하고많은 동물 중에 왜 하필 돼지니, 하고 눈을 흘겼지만 이제야 알겠다. 내가 돼지라니, 그는 진심으로 나를 사랑했던 거다.

대학교 1학년 때였나, 봄에 단과대학별 체육대회가 있었다. 이런저런 경기 후 피날레를 장식한 것은 다름 아닌 새끼 돼지 잡기. 마이크를 잡은 사회자가 말했다. 지금부터 운동장에 새끼 돼지 한 마리 풀어드릴 건데요, 이놈 잡으시는 분께 바비큐 해서 드실 기회 드리겠습니다. 말이 끝나기가 무섭게 목에 까만 나비리본을 맨 핑크색 새끼 돼지가 운동장을 마구 뛰었고,

저놈쯤이야 하며 여러 무리의 학생들이 개떼처럼 그뒤를 쫓았다. 돼지는 빨랐고 돼지는 영리했으며 돼지는 좀처럼 지칠 줄 몰랐으나 죽음의 공포는 한 번도 경험한 적 없었으므로 두려움에 뛰면서도 새끼 돼지는 저도 모르게 물똥을 찍찍 싸댔다. 나는 그만 우뚝 그 자리에 서버리고 말았다. 허망하고 민망하고 부끄러운 느낌 같은 게 턱밑까지 차올랐던 탓이었다. 내가 지금 여기서 무얼 하고 있는 건가. 무용과 남학생이 발버둥치며 꿀꿀대는 돼지를 들고 환호성을 질렀을 때 돼지고기 먹으면 사람도 아니다, 결심했던 나는 어느새 뇌가 하얘져서는 밤늦게까지 고깃집에서 삼겹살을 구워 소주에 곁들이며 이게 다 인생 아니냐는 식의 탄식이나 반복할 뿐이었다.

지금껏 나는 돼지고기를 끊지 못하고 있다. 한쪽에서는 줄줄이 죽어나가는 돼지로 걱정인데 한쪽에서는 홈쇼핑에서 삼십사 분 만에 이억오천만 원어치를 팔았다는 달인 돈가스가 톱기사로 시선을 모은다. 호기심 반 작심 반의 마음으로 주문을 할까 말까 망설이다가 이메일을 여는데 얼마 전 한국을 다녀간 독일의 허수경 언니로부터 편지가 와 있었다. 18세기 지도를 펴서 우리나라 쪽을 보고 있으니 신기해. 참 알려지지 않은 나라였는데 이백 년이 지나고 보니 삼성 모니터가 프랑크푸르트 공항을 다 채우고 있네. 알다가도 모를 나라야, 우린 참. 그런데 있지, 메소포타미아 문명도 강이 파괴돼서 사라졌다는 걸 다들 알까.

 어쨌거나 돼지꿈 꾸세요, 라는 우리네 흔한 덕담을 당분간 주고받기 힘들 것 같다. 꿈에 돼지를 보라니, 작금의 분위기에서 그것만큼 심한 욕이 또 어디 있겠는가. 돼지를 잃어 배고픈 우리들이다. 우리야말로 배고픈 돼지들이다.

:
예전엔 미처 몰랐어요,
그 흥!

『풋,』이라는 이름의 청소년 잡지가 폐간 직전에 있다. 사실상 마지막 호를 만들고 있으니 이미 제 운명을 다했다고 해도 과언이 아닐 것이다. 슬프다. 진심이다. 그간 말아먹은 잡지가 몇 개인데 청승이니, 라고들 할까봐서 짐짓 씩씩한 척하지만 순간순간 뜨끔뜨끔 누군가 날 찌르는 듯해 자꾸만 뒤를 돌아보게 된다. 아마도 죄책감의 일종일 것이다. 누가 뭐라 해도 어른인 내겐 언제나 청소년이 나의 살던 고향이니까.

오 년 전 잡지는 나라에서 지원해주는 사업과 함께 시작되었다. 이때의 지원이라 함은 돈이다. 물론 잡지 한 권을 충당할 수 있을 만큼 넉넉한 액수는 아니었으나 우리는 청소년이라는 미래에 희망을 걸었기에 여타의 출혈을 감수하고 책의 보폭과 그 운신을 넓혀나갔다. 문학과 문화를 아울러 청소년들에게 보다 다양한 읽을거리와 볼거리를 제공하자, 그래서 무한한 상상력을 키우게끔 토양이 되어주자. 구천 원, 비싼 커피 한잔 값이라면 해볼 만한 승부라 생각했는데 어느 순간 잡지는 내가 안 사면 아무도 안 사는 지경에 이르고야 말았다. 그래, 인정한다. 내 욕심이 과했다. 청소년은 공부하기 바쁘고 성숙하느라 아프고 무엇보다 참고서 사느라 휴대전화 요금 내느라 돈이 없다는 것을 모르지 않았으면서도 내가 그만 간과했던 것이다. 그럼에도 설마했던 것이다.

물론 이 모든 사달의 일차적 책임은 내게 있다. 청소년들이 사지 않고 못 배길 만큼 멋진 잡지를 양산해냈더라면 지금 이렇게 구질구질한 변명은 필요 없었을 테니 말이다. 그간 스무 권 가까이 쌓인 잡지를 하나하나 넘겨보던 어느 밤, 문학을 좋아하고 글쓰기를 즐겨 하는 고등학생들이 주로 모인다는 인터넷 카페에 접속을 했다. 아이들한테서 여러 통의 쪽지가 와 있었는데 대부분의 내용이 이랬다. 이 백일장에서 상을 받으면 어느 대학에 갈 수 있나요? 한 달 용돈이 삼만 원인데 좀 깎아주시면 안 되나요? 잡지인데 부록은 왜 없나요?

지난 주말 강화도에 사는 함민복 시인을 만났다. 그와 나는 한 고등학교에서 함께 아이들을 가르친 적이 있다. 스타일은 달랐지만 시를 만지고 사람을 품는 온정은 퍽이나 비슷해서 꽤나 어울려 술을 마시던 우리였다. 내가 교실에서 아이들과 말로 시를 쓸 때 그는 운동장에서 아이들과 축구공으로 시를 쓰는 사람이라 나는 안팎으로 힘든 일이 생길 때면 그를 찾아 똑똑 노크를 하곤 했다. 오래 못 본 사이 그는 어머니를 잃고 아내를 얻었다. 한 번의 장례식과 한 번의 결혼식을 치르는 동안 희끗희끗 흰머리가 덥수룩해진 그를 보자마자 나는 상담 선생님을 만난 듯했다. 청소년이 세상에서 가장 어려운 사람들 같아요. 실체가 없는 괴물이랄까요. 잘해주고 잘해보고 싶은데 쉽지가 않네요. 그러자 그가 특유의 제스처인 입 가리고 수줍게 웃는 웃음으로 내게 말했다. 애들이 흥을 잃어서 그래요, 흥. 그게 아주 자연스러운 건데 흥을 부끄러워해요. 애들이 흥도 모르고 말이야, 흥.

점심을 먹으며 얼큰하게 술을 곁들인 우리는 그가 밥벌이 터로 삼은 인삼가게로 다시금 돌아왔다. 가게 앞에 각설이 분장을 한 엿장수가 뽕짝 음악에 맞춰 엿을 치고 몸을 흔들며 춤을 추고 있었다. 어느 틈엔가 함민복 시인도 그이 옆에서 춤사위를 날리기 시작했다. 엿장수 삼돌이가 다 좋은데 춤을 못 춰, 내가 한 수 가르쳐줘야 한다니까. 누가 보면 어떠랴, 엉덩이를 흔들고 어깨를 들썩이며 사람들 앞에서 리듬을 타는 그의 얼굴에서 나는 어떤 '처음'을 보았다. 아니 흥을 느꼈다. 어쩌면 내가 청소년들에게 전하고 싶은 건 문학이 아니라 문화가 아니라 저렇게 자연스럽게 몸에서 흘러나오는 흥의 발산, 그 자유로움이었을지도 모른다. 이럴 줄 알았으면 잡지 이름을 흥이라고 할 것을, 흥이라 했으면 망하지도 않았을 텐데. 참말로 아쉽다, 그 흥!

2014년

20140416

 맑고 화창한 아침나절 바다 한가운데로 배 한 척이 가라앉고 있었다. 순식간에 온갖 포털 사이트의 검색어 순위를 잠식해버린 그 이름 '세월호'. 언론에 공개되기 몇 분 전만 해도 그저 타본 사람이나 기억했을 소소한 이름 하나가 초혼에 바쳐진 그것처럼 모든 이의 간절함 속에 여기저기 토해지기 시작했다. 어두컴컴한 밤 폭우 속 느닷없는 파도에 휘말려 손도 써볼 새 없이 뒤집힌 상황이라면 그 소요 그 소란에 어떤 수긍이라도 가련만 마른하늘에 배 떨어지는 이 전대미문의 참사를 놓고 납득할 만한 설명을 해낼 수 있는 자, 그 누구일지 한편 궁금해지기도 하는 바였다. 그럼에도 분명한 건 큰 덩치를 어쩌지 못한 채 가라앉은 배, 그 안에 내 자식 내 부모 내 형제가 갇혀 있음에도 아이고 배야 그저 외쳐 부르는 것 말고 네 할일은 없다 못질

쾅쾅 해댄 손모가지가 내 국가란 사실이었다. 죽어가는 국민을 살려내지 못한 것만으로도 국가가 져야 할 죄목은 얼마나 무거운가. 그럼에도 아래로 더 아래로 네 탓이야 책임을 몰아가는 국가의 모양새는 또 얼마나 후진가.

 뜨라는 배는 안 뜨고 연일 속보만 떠오르는 사이 온갖 뉴스와 SNS의 호들갑 속에 이 말 저 말 옮기기 바빴던 나는 어느 순간 입을 다물 수밖에 없었다. 흥분이 분노로 분노가 슬픔으로 슬픔이 무기력으로 얼굴을 바꿔가는 과정 속에 이 얘기 저 얘기 글로 쓰기 바빴던 나는 어느 순간 펜을 놓을 수밖에 없었다. 진도로 뛰어가 화장실 청소라도 하지 않을 요량이면 그것이 말이든 글이든 어느 누구에게든 보탬이 되지 못한다는 판단에서였다. 삼면이 바다라 조선업의 대국으로 성장했으면서도 내 배를 내 배로 못 건지는 나라, 세계 최강이라는 인터넷 강국이면서도 빠르고 정확해야 할 내 나라 소식을 이웃나라 신문에서 읽게 하는 나라, 실로 애정결핍증에 걸린 것은 아닌지 주목받고 싶어 안달이 난 정치인들이 누가 더 멍청한지 하루하루 내기하고 있는 나라, 반 친구들 사이에 싸움이 붙어도 반장이 불려가는 걸 기본으로 아는 게 초등학생 조카인데 그 상식도 모르는 이가 수반을 자처한 나라, 도무지 말도 안 나오는 총체적

난국의 나라에서 무사히 내 나이 서른아홉 해를 살아낸 것이 어찌 보면 기적 같기도 했다.

서해 페리호 사건 때 목숨을 건졌던 아빠 후배 영수 아저씨가 생각났다. 여러 동료의 죽음 속에 홀로 살아남은 것을 죄로 받아든 아저씨 역시 긴긴 시간을 생사의 양팔저울 속에 자신을 놓아두는 일로 지난 이십일 년을 버텨왔다고 했다. 그런데 왜 하필 말기암이람. 그럼에도 너무나 말간 얼굴로 투병중인 아저씨가 리모컨으로 반복 또 반복 일색이던 뉴스 채널을 껐다. 바다가 얼마나 춥고 무서운 데인 줄 알면 저렇게 두고 못 보지. 암, 못 두지. 자, 들을 분들 다 들으셨는가. 모르는 게 약이 아니라 모르는 게 죄란 말이다.

:
천국에 있는 엄마들

'천국'이란 이름의 간판을 단 매장들 가운데 하루가 멀다 하고 뻔질나게 찾아드는 곳이 있다면 단연코 김밥집이다. 교회라는, 꽃집이라는, 휴대폰 대리점이라는 그 '파라다이스'에 현혹되어 그들 매장 문턱을 넘은 적 있다지만 그때마다 작심이라는 마음을 굳게 아니 먹을 수가 없었다. 주일을 바쳐야 하고, 사랑을 바쳐야 하고, 하물며 이십사 개월 약정을 바쳐야 한다는 약속은 얼마나 큰 부담이며 두려움이며 또한 치사함인가.

그런 부담도 두려움도 치사스러움도 없이 그대 발길 머무는 곳마다 익숙한 듯 자리한 그곳에 김밥천국이 있다. 처음 김밥에 천국을 붙인 이가 누구였을까. 모르긴 몰라도 그에게 김밥이란 설날의 떡국이나 추석의 송편 같은 음식이었을 거다. 먹기는 쉬워도 만들기는 귀찮은, 그래서 만듦의 과정 없이 내 앞에 딱 놓이면 환호성이 절로 나오는 엄마손 같은 음식. 1995년에 처음 브랜드가 생겨났다고 하니 벌써 이십 년 가까운 세월인데 여전히 놀랍다 싶은 건 이십사 시간 영업에 연중무휴를 자랑하는 가게들이 꽤 된다는 사실이다. 게다가 수십 가지 메뉴가 시키는 족족 음식 나와라 뚝딱, 하면 내 앞에 짠, 하고 놓이는 마술 같은 상술. 물론 전세계적으로 새벽 세시에 숯불 피워 고기 굽고 밀가루 치대 수타 짜장면을 뽑는 유일한 민족이 우리라지만 일에 지치고 사람에 지치고 잠에 지쳤을 때 온갖 허기를 달래줄 나만의 부엌이 밤새 불을 켜고 있다는 사실만으로 얼마나 큰 위로가 되는지 혹, 아시려나. 글쎄 나는 이렇게 알아버린 듯하다. 자정 언저리 저 홀로 차지한 테이블마다 무전 소리에 귀를 기울이며 라면 한 그릇 뚝딱 해치우는 대리운전사들의 굽은 어깨를 자주 훔쳐보게 되면서 말이다. 점심 나절 친구와 나란히 차지한 테이블마다 날치알 돌솥밥이나 산채나물 비빔밥처럼 좀처럼 집에서 해먹기 귀찮은 음식을 시켜놓고 휴대폰으로 가족사진을 보고 또 보는 주부들의 느림에 자주 속도를 맞추게 되면서 말이다. 주말 이른 저녁 온 가족이 뺑 둘러앉은 테이블마다 왕돈가스, 생선가스, 스페셜정식 같은 외식음식 앞에 두고 칼질에 바쁜 아이들 입가에 튀김가루 묻었다면서 애들 아빠에게 냅킨을 건네주는 오지랖을 발휘하게 되면서 말이다.

김밥 한 줄 포장해달라고 서서는 아줌마들을 유심히 관찰할 때가 있다. 말이 떨어지기가 무섭게 김을 펴고 밥을 얹고 고명을 얹은 다음 발에 말아 둘둘 싼 뒤 큰 칼로 김밥을 썰 때 나는 훈련이 얼마나 무시무시한 재능인지 새삼 깨닫고는 한다. 그래서일까, 은박지에 싼 김밥 한 줄 입에 물어가며 집에 갈 때는 꼭 엄마에게 전화를 하게 된다. 그래 엄마들은 잠도 없다. 잠도 없는 엄마 덕분에 어릴 적 소풍이나 운동회 날에 고슬고슬 막 지은 밥에 따끈따끈 볶은 색색의 야채와 다진 고기 넣은 김밥을 도시락으로 들고 학교로 향할 수 있었을 거다.

새벽 한시 오십오분. 일산에 면발 탱탱한 우동가게가 새로 문을 열어 문전성시더니 그 옆집에 새로 생긴 떡볶이 튀김가게도 이십사 시간 성업중이다. 그럼 그렇지. 가게 상호가 찍힌 앞치마를 두른 채 분주히 손님을 맞고 보내는 이들이 죄다 아줌마들이다. 어묵 하나 입에 문 채 묻는다. 안 피곤하세요? 나 참, 안 피곤하게 생겼어요? 당연한 거 물으면 사람이 짜증을 내는구나. 고로 사랑을 묻지 말아야 하는 이유와 답, 예서 이렇게 또 알고 간다.

:
우리의 영혼을 위로하는 교황

간만에 살아 있는 한 인물이 서점에 훈풍을 일으키고 있다. 오늘 방한하는 프란치스코 교황에 관한 책들이 무더기로 쏟아져나온 것이다. 따지고 보면 1984년과 1989년 요한 바오로 2세 이후 근 삼십 년 만에 우리나라를 찾는 교황이 아니던가. 2013년 선출 이후 아시아 국가들 가운데 첫 방문지로 한국을 선택했고, 시복식 당일 광화문 운집 인파가 오십만 명이 넘을 것이며, 전 세계 백오십여 개국에 생중계된다고 하니 가톨릭 신자가 아니더라도 범국가적인 행사의 귀함에 뜻을 함께할 이유는 충분하다.

교황이라는 그 '사람'이 궁금해져서 성聖 프란치스코의 삶을 다시금 뒤적거려보았다. 교황 스스로 선택한 이름이라는 건 제

몸에 맞고 제정신에 맞으니까 제 길잡이로 삼아보겠다는 의지를 다분히 표명한 것이기 때문이다. 그는 평범한 소시민인 우리 아빠도 세례명으로 삼았을 만큼 지상에서 가장 많은 사랑을 받는 성자 가운데 한 사람이다. "권력과 사치스러움과 호화로움을 버리고, 청빈과 겸허함을 갖추고 평화와 유대 속에서 살 것을 호소하며, 불의를 고발할 것을 요구"(『무신론자에게 보내는 교황의 편지』, 바다출판사, 2014)하면서 무엇보다 이 모든 '실현'의 가치를 몸으로 실천하고자 전력해온 분이다.

그러고 보니 텔레비전에서 심심치 않게 만날 수 있는 종교인이 교황이다. 낡고 허름한 동네에서 미사를 집전하거나, 대중교통을 타고 이동하는 소탈한 모습이라든가, 병에 걸렸거나 약물 중독에 빠진 이의 발을 손수 씻기고 입을 맞추는 등 사람들 속에 환히 웃는 그를 유독 자주 볼 수 있는 것 같다. 무엇보다 힘없고 가난하고 병약한 자들에게 깜짝 편지를 띄워 감동을 배가시키는 센스까지!

교황인데 그 정도도 못 하느냐 그러면 할말은 없다. 그러나 그를 둘러싼 사람들 속에 그가 아무런 거리낌 없이 섞여 있다는 거, 그 당연함이 내게는 왜 그런 특별함으로 느껴지는지 모르겠다. 어쩌면 우리와 같은 눈높이로 늘 함께 숨쉬는 진짜를 못 알아보고 있음에 대한 다른 방식의 질타는 아닐는지.

"하느님을 믿지 않는 사람들은 자신의 양심을 따릅니다." 신을 섬기는 교황의 입장에서는 쉽지 않았을 이 말을 나는 수첩 한 귀퉁이에 적어두었다. 양심. 옳고 그름, 선과 악을 구분할 줄 아는 마음씨. 양심을 지키며 사는 일의 아름다움을 무던히 교육받았음에도 저마다 양심껏 살아가고 있나 되짚어볼라치면 입에 재갈이 물리고 마는 게 작금의 우리가 아닐까 싶다.

매일같이 아프고 슬픈 일이 터지고 있다. 누군가는 해결을 해야 살고, 누군가는 해결을 해줘야 살 것이다. 방한중에 교황은 종교적인 행사를 치러냄과 동시에 세월호 유족, 위안부 피해자 할머니 등 우리들 양심 안에 미처 빠지지 못하고 박혀 있는 가시들에도 시선을 두어볼 참이라고 했다.

교황은 족집게가 아니다. 가시를 빼고 소독을 하고 약을 바르는 건 우리들의 의무이다. 그럼에도 한 '사람'에게 거는 기대가 그토록 큰 건 모두가 네 탓으로 나 몰라라 하기 바쁜 세상에서 평생을 걸고 모든 사람의 영혼과 육체에 책임을 지겠다는 남다른 모습을 보이고 있기 때문일 거다. 교황이 오신다. 그리고 교황은 곧 가실 것이다.

:
이 세상에 단골 없으면
무슨 재미로

 늘 정하여놓고 거래를 하는 곳. 그곳이 어디인가. 그렇다. 단골집이다. 이 빤한 물음을 왜 하느냐고 묻는다면 이렇게 되묻고 싶다. 그렇다면 당신의 단골집은 어디인가. 물은 사람이 나니까 자진해서 답을 해보려니 움찔하게 된다. 몇 군데 밥집과 술집과 커피집이 스쳐갔으나 내가 단골로 인정받을 수 있을지 가늠을 해보자니 주춤 물러나 숨는 게 내 마음이었으니 말이다.

 하루 휴가를 내어 내 살던 인천에 가 아빠와 데이트를 했다. 설렘으로 운전대를 잡은 아빠가 이 골목 저 골목을 돌고 돈 끝에 나를 내려놓은 곳은 오십 년 전통을 자랑한다는 플래카드가 붙은 '서울식당'이라는 간판 앞이었다. 퇴사하고 한 번도 안 왔으니 벌써 십 년도 넘었는데 기억이나 하려나. 수줍게 가게 문을 들어서는 아빠였는데 오목조목 참 예쁘게도 생긴 중년의 아줌마가 댓바람에 알은척을 하는 거였다. 어머머, 이게 누구래요. 그럼요 저희 집 일주일에 서너 번은 오셨는걸요. 오랜 단골이셨어요. 개수대에서 양파를 까던 또다른 아줌마도 그 매운 손으로 아빠 손을 덥석 잡았다. 나요, 나 뺑끼. 빨간 립스틱 진하게 바른다고 나를 뺑끼라고 불렀잖아요. 술 오달지게도 잡수시더만 오매 아직 살아 계시네.

  삼십 년 단골이었으니 그 세월만큼 함께 들락거리던 사람들이 많았을 거고 또 그만큼 그들의 나이도 들어버렸을 터, 성성한 흰머리에 자글자글 주름진 얼굴의 세 사람이 나누는 대화를 가만 듣고 있자니 화제의 대부분이 생사의 확인이었다. 장사 함께하던 시어머니는…… 아직 정정하니 건강하세요. 왜 대머리인데 이대팔 가르마해서 이주일 닮았던 그 주임님은…… 췌장암으로 간 게 꽤 되었는걸요. 살았거나 아님 죽었거나, 나이 칠십에 나눌 수 있는 인간사 근황 토크는 일단 이 정리부터 되어야 칭찬이든 뒷담화든 할 수가 있겠구나. 가게 문을 나서는데 아줌마가 그랬다. 내가 간이랑 뼈에 좋다는 거 누구한테 들어서 섞어 끓이는 게 있으니 다시 오세요. 그거 한 사발 잡숫게. 아빠의 단골집을 들렀을 뿐인데 둘째고모네 집에서 열두

첩 수라상을 얻어먹은 듯한 이 기분은 대체 뭐지.

 며칠 전 〈오빠는 풍각쟁이〉의 가수 최은진 선생의 안국동 문화공간 '아리랑'에서 술을 마시는데 밤 열두시가 다 되어 가게 앞에 택시 한 대가 섰다. 그 밤에 백발에 허리가 살짝 휜 한 어르신이 가방에서 뭔가를 우르르 쏟는데 보라색 가지에 보라색 양파가 나오는 것이었다. 유기농으로 키운 이 귀한 자연을 단골집 친구에게 부려놓고 어르신은 갈증에 겨웠는지 맥주 딱 한 캔만 마시고 가겠노라 했다. 가지와 양파 값이유. 오랜 단골이자 오랜 주인의 물물교환으로 껍질을 막 벗겨 썬 아삭아삭 양파를 된장에 찍어먹는 새 안주상으로 호사를 누린 건 나였지만 뭐랄까, 둘 사이에서 벌어지는 이 귀여운 시추에이션이 말할 수 없이 귀한 산물이라는 판단에는 확신이 들었다. 말하지 않아도 안다는 그 '정'이 특별하게 재현되는 곳, 우리들 저마다의 단골집은 오늘도 안녕하실까.

:
날마다 하나씩 줘보기

업이 책에 관한 것이다보니 하루가 멀다 하고 새 책을 만지고 또 하루가 멀다 하고 하루 만에 헌책이 된 새 책을 만난다. 일주일이면 어림잡아 내 허벅지까지 책이 쌓이는 것 같다. 그 중 삼분의 이는 구입을 하고 나머지 삼분의 일이 지인들로부터 도착하는 사인본 정도 되겠다. 여름 지나 아침에 살살했다가 저녁에 쌀쌀한 바람 불기 시작하니 특히나 시집 출간이 느는 모양이다.

내게 뭐라 썼는지 면지에 남긴 시인의 글씨체에 채 흐뭇해지기 전에 또다른 시인의 시집이 도착한다. 짧은 엽서는커녕 잘 받았다는 인사를 겸한 안부의 메시지마저 자꾸 놓친다. 처음에는 죄책감에 시달렸는데 어느 순간 에라, 모르겠다 너도 내 시집 받고 입 씻지 않았던가, 슬쩍 좋은 게 좋은 거지에 묻어간다. 불량식품도 아닌데 나쁜 습관은 참으로 쉽게 일상이 된다.

그러던 어느 날 벽돌 사이즈에 두부처럼 하얀 노트 한 덩어리가 내게 왔다. 친하게 지내는 인쇄소 직원이 잘라내고 버린 종이들을 모아 풀칠을 해서는 내 책상 위에 슬그머니 놓고 갔던 것이다. 족히 삼백 페이지는 넘어 보였고 다행히 오백 페이지는 넘어 보이지 않아 그 쓰임에 대한 곤궁한 고민을 재미삼게 되었다. 쓰라고 준 노트이니 써야 제맛이지 않겠는가, 하고 이 방 저 방 거니는데 기둥처럼 쌓아놓은 책들 가운데서 내 무릎에 치여 툭 한 권이 떨어졌다. 그림책 작가이자 에세이스트인 선현경의 『날마다 하나씩 버리기』였다. 더욱 흥미로운 건 부제였다. '아무것도 못 버리는 여자의 365일 1일 1폐 프로젝트'라나.

순간 번뜩하고 아이디어 하나가 떠올랐다. 그렇다면 나는 '날마다 하나씩 줘보기' 프로젝트를 감행해보자는 결심이 섰던 것이다. 일단 여러 개의 통 속을 가득 채운 다양한 필기구들이 눈에 들어왔고, 서랍장에 상표도 안 뜯은 팬티가 여러 장 눈에 들어왔으며, 그릇장에 겹겹이 겹쳐놓은 접시들이 눈에 들어왔다. 하물며 책장마다 가득가득 쏟아질 듯 꽂혀 있는 책에 대해서는 두말해서 무엇하랴.

휴대폰을 열고 노트의 첫장을 펼친 뒤 액세서리 보관함을 열었다. 비즈 공예를 테마로 하는 책을 만들면서 저자 선생님에게 선물로 받았던 온갖 액세서리가 철 지나고 유행 지난 옷들처럼 꾸깃꾸깃 처박혀 있었다. 그중 핑크색 장미가 알알이 장식된 귀걸이, 목걸이, 반지 한 세트를 꺼냈다. 이걸 그토록 탐내던 후배가 있었는데, 어차피 난 하지도 않을 거였는데, 그때 난 무슨 욕심으로 선뜻 내주지 못했을까.

노트에 '1. 핑크색 장미 비즈 액세서리 세트'라고 쓰고 후배의 이름을 썼다. 후배에게 문자를 보냈으나 하루가 지나도록 답은 오지 않았다. 십 년 넘은 세월이니 번호가 바뀌기도 했을 것이고 또 혹여 내 번호를 지워버렸을 수도 있을 것이다. 참으로 신기하지, 사물마다 사람들이 이렇게도 각기 달리 떠오를 수 있다니. 교훈이라면 있을 때 주자는 거다. 달랠 때 주자는 거다. 뒷북치려니까 배보다 배꼽이라고 글쎄, 택배비가 어마어마하다는 거다.

아무래도 덜 아픈 거다

 서른아홉이 다 산 나이도 아닌데 여기 아파 저기 아파 올봄부터 엄살깨나 부려왔던 나다. 의사들은 하나같이 머리를 가로저으며 특별한 병명이 없는데 왜 이렇게 통증을 호소하는지 모르겠다고 자신들이 무능해서 모르는 건 절대로 아니라는 억울한 표정으로 날 흘겨보고는 했다.

 아마 잠을 못 자서 그러지 않을까 싶어요. 저는 매일매일이 피곤한데 왜 못 자는 걸까요? 이 아줌마야, 당신의 이부자리 잠자리를 왜 내게 와서 펼치고 그러시나……라고 몹쓸 대거리를 한 의사 선생님은 안 계셨지만 확실히 불면의 원인을 잡아내고 처방전을 내준 의사 선생님 또한 아니 계셨다.

요가를 해. 스쿼시를 해. 발레를 해. 수영을 해. 그런데 말이죠, 요가는 지루해요. 스쿼시는 힘들고요. 발레는 안 어울리던걸요. 수영은 볼륨이 없어가지고요. 운동을 권하는 이들에게 갖가지 핑계를 대던 어느 날 동네에 새로 간판 하나가 걸리는 걸 보았다. 에이스 탁구장. 어라, 탁구? 그래, 탁구로구나!

문득 거실 서랍장 속에 고이 넣어두었던 탁구채 하나가 떠올랐다. 모두가 말로만 운동을 권할 때 가죽 케이스까지 씌운 탁구채 하나를 선물로 주었던 선배가 있었던 것이다. 탁구채와 탁구공을 양손에 하나씩 나눠 쥐고는 의기양양 탁구장 안으로 들어섰다. 저기요, 저 탁구 배우러 왔는데요.

순간 반바지에 반팔 티셔츠를 입은 중년의 아저씨들이 일제히 나를 쳐다봤다. 한여름 땡볕의 도로 위를 질주하다 온 마라토너들처럼 그들의 양볼은 상기되어 있었고 머리카락이 이마에 덩어리져 들러붙을 만큼 땀으로 흥건한 채였다. 관장은 탁구가 얼마나 좋은 스포츠인지 일장 연설에 들어갔다. 강습비와 강습시간만 알려줘도 바로 등록할 작정이었건만 사설이 길어지면서 나는 어떤 망설임 속에 놓이고 말았다. 강습은 저기 저 정수리에 머리털 없는 분한테 받으면 됩니다. 탁신이에요, 탁구에 거의 미쳤다고 할 수 있죠. 하루에 열 시간은 기본이라니까요. 잠도 못 잔대요, 자려고 누우면 천장에서 탁구공 소리가 난다나.

가장 실력 있는 코치를 붙여주려는 관장 나름의 특혜란 걸 모르지 않았으나 나는 뒤로 주춤 물러날 수밖에 없었다. 불면증을 고쳐볼까 해서 찾아간 탁구장에서 불면증을 앓고 있는 한 사내를 보고 있자니 왠지 묶여서는 안 될 한 세트라는 생각이 들었기 때문이었다. 집에 돌아와 인터넷 서점 검색창에 탁구, 하고 두 글자를 쳤다. 『현정화의 퍼펙트 탁구 교본』이라는 책이 가장 인기리에 판매되고 있었다. 책을 주문하고 나니 뭔가 든든한 코치 한 사람을 만났다는 안도가 들었다. 바느질도 뜨개질도 비즈 공예도 책으로 배우려다 포기했으면서 여전히 책이면 다라는 착각, 아무래도 이게 내 병이려나. 이참에 궁금한 점. 탁구계의 고수들은 왜 그렇게 하나같이 팔다리가 가느다랄까. 앙상한 팔다리를 갖고 싶어 탁구를 시작한 건 아닙니다만!

2015년

:
스스로 자,
말미암을 유

 마흔 줄에 들어섰다고 선물 한 상자를 받았다. 시집이 있었고 말린 목화가 있었고 향초가 있었다. 내 시는 한 편도 못 외우면서 수피 시인 루미의 시 「봄의 과수원으로 오세요」를 입버릇처럼 달고 사는 내 스타일을 감지한 이의 예민한 센스였을까.

 "봄의 과수원으로 오세요. 꽃과 촛불과 술이 있어요. 당신이 안 오신다면, 이런 것들이 다 무슨 소용이겠어요. 당신이 오신다면, 또한 이런 것들이 다 무슨 소용이겠어요." 연애시로 치부할 수도 있겠지만 절망과 희망이 한 박자에 실린 삶이라는 인생사를 비유적으로 표현한다 싶으니까 순간 망망대해 바다를 본 듯했다. 그러니까 우린 무슨 '소용'을 위해 이다지도 힘들게 눈앞에 있는 '당신'을 두고 평생토록 멀리 있는 '당신들'을 찾아

헤맬까.

 선물 상자 안에는 철제 케이스로 된 색연필 세트와 요즘 인기에 대박이 터졌다는 '컬러링북'도 몇 권 들어 있었다. 그중 한 권은 인형 같은 얼굴에 공주 같은 옷차림을 한 여자아이들을 테마로 한 것이어서 어릴 적 종이인형 놀이를 하려고 색칠공부깨나 해대던 기억을 새삼 불러일으켰다. 그 시절을 떠올리니 절로 입가에 웃음이 번졌다. 별다른 이유가 있을까. 색칠하고 싶은 페이지는 색칠하고, 또 색칠하다 지치면 안 해도 그만이고, 필요한 곳만 가위로 둥글게 오려내도 그만이고. 결국 우리가 '컬러링북'에 미쳐 자다가도 색칠하고 밥 먹다가도 색칠하고 뉴스 보면서도 색칠하고 지하철 타서도 색칠하는 건 어른이 되어갈수록 오히려 자유로부터 자유로워지지 못한 까닭이 아닐까.

 '자유' 얘기를 하자니 울컥 울화통이 치민다. 속박은 원래 견뎌내지 못하는 체질이기에 자발적으로 가난을 담보로 행한 업이 글쓰기였거늘 난데없이 어떤 규제란 것이 훅 치밀고 들어와서다. "예술성과 수요자 관점을 종합 고려하여 우리 문학 저변 확충에 적절한 작품"을 선정해오던 나라 사업인 우수문학도서 제도에 문화체육관광부에서 다음과 같은 항목을 끼워넣어서다. "특정 이념에 치우치지 않는 순수문학 작품"인데다 "국가 경쟁력 강화에 기여하는 도서"여야 한다니.

 진심으로 묻고 싶다. 기준이랍시고 발표된 저 구절들은 과연 누구의 묘안인가. 기계가 했을 리 없고 외국인이 했을 리는 더더욱 없으며 이 땅에서 이 땅의 교육을 차근차근 받아온 자의 구색에서 나온 옹색함일 텐데 그는 문학이라는 예술 장르에 있어 이념과 순수의 정의를 과연 알고나 쓴 것일까. 분명한 목적을 내세웠을 때 문학이라는 예술 장르가 얼마나 촌스러워질 수 있는지 그는 보고도 못 본 척일까.

 착하고 얌전하며 말 잘 듣는 시를 못 써서 지레 푸념이 긴 거 아니냐고? 에이 아니다. 지금껏 세 권의 책을 펴냈지만 나는 단 한 번도 좋은 책이라는 반짝반짝 인증 스티커를 표지에 붙여보지 못했다. 그러니 무슨 설레발을 치겠는가. 그러나 기억하시라. 널리 읽힐 만한 책을 나라에서 일정 구입, 필요한 곳에 배포하는 이 사업의 시작은 정말 아름다웠다!

: 죄책감,
다음에는 뭐라 쓸까

 2014년 4월 16일, 그날로부터 일 년이 지났다. 어제 일만 같은데 그새 봄여름가을겨울 사계절이 갔다. 여전히 배는 바닷속에 가라앉아 있고 유가족이 되고 싶어 드러누운 실종자 가족이 아홉 가정이나 되며 어처구니없는 일 처리로 질타의 대상이 되었던 그 대통령은 여전히 그 대통령직을 수행하고 있다.

 나는 어땠나. 처음엔 팽목항 언저리라도 가서 바다 냄새를 맡아야 했었다. 울분에 차서 정부를 향한 쓴소리에 목소리를 얹고 또 얹어가며 시급한 대책 마련을 촉구하고는 했었다. 뒤져보니 다 지난해 봄에 쏠려 한 일이었지 여름부터는, 가을과 겨울을 넘어서부터는, 나 살기에 급급한 흔적뿐이었다. 전세대란이 컸다. 장기불황의 여파는 밥벌이로 삼은 출판계를 먹구름처럼 뒤덮은 지 오래라서 사지도 않을 책을 만들기 위한 무기한의 무력한 노동은 결국 여러 병증을 일으키기에 충분했다. 병원 신세를 지며 아픈 사람을 많이 만났다. 그들을 위로하기 위해 찾은 이들의 무표정한 얼굴 속에서 그들 또한 앓고 있구나, 직감할 수 있었다. 살기 위해 태어난 우리, 그러나 죽기 위해 살아가는 우리…… 무엇이 우리를 살게 하는 걸까, 무엇이 우리를 죽게 하는 걸까.

세월호 1주기를 며칠 앞두고 안산 합동분향소를 찾았다. 차마 차머리를 그리로 둘 수 없어 미루고 미뤘던 발걸음이던 차에 혼자였고 어쩌다 작정이 되었는지 모르겠으나 뚜벅뚜벅 걷는 내가 있었다. 비가 내리는 월요일 오후였다. 컴컴한 먹구름 아래 노란 플래카드가 여럿 눈에 띄었다. "지금 우리가 침묵하면 다음 희생자는 내가 될 수 있습니다. —세월호를 잊지 않는 보스턴 사람들의 모임. 사라 유." 이 당연한 말을 읽고 또 읽었다. 죽어야 산다지만 죽어서도 살 수가 없는 이 나라 아이들이 합동분향소 안을 꼬박 채우고 있었다. 저마다 어른이 될 포즈로 저마다 최대한 선보일 수 있는 가장 단정한 모습으로 찍었을 증명사진이 그네들의 영정사진이 될 줄 누가 알았을까.

혼자 찾은 분향소에 어쩌다 조문객이 나 하나였다. 자그마치 304명, 오늘의 나는 그들의 이름을 하나하나 불러주고 올 생각이었다. 이름이라는 건 불러야 존재하는 명명이니 맨 윗줄 첫 번째 사진부터 쳐다보는데 제단이 너무 높아 가물가물 이름 석자를 적어내린 글씨가 잘 보이지 않았다. 이 수많은 영정사진 위에 이따위 글귀는 누가 적었나. "미안합니다. 사랑합니다. 잊지 않겠습니다. 안전한 대한민국을 만들겠습니다." 이 나라의 모순은 어쩜 이리도 뻔뻔한가.

내 시선이 닿는 이들의 이름만을 부르는 일에 죄책감이 들어 고개를 푹 숙이니 가족과 친구들이 남긴 꽃과 초콜릿과 사진과 양초와 노트가 곳곳에 가득이었다. 그걸 읽는 일 말고는 할 수 있는 게 아무것도 없어 가만히 무릎을 살짝 구부린 채로 이 편지 한 통을 손바닥에 적어내려갔다. "안녕 오빠 나는 예린이야. 생일 축하해. 너무 보고 싶어. 이번에 아이디를 바꿨어. 모냐고? 곰돌이 편지야. 한번 더 축하해 잘 지내고 있어? 사랑해. 마지막으로 생일 축하해. 알러뷰."

모나미 볼펜심으로 써내려간 글자들로 가득한 손바닥이 빗물에 젖을세라 주먹을 쥔 채 합동분향소를 빠져나왔다. 경찰

둘이 우비를 입은 채 내 곁을 스쳐갔다. 우리는 그렇게 한세상을 살고 있었다.

5월은 '책'합시다!

 5월의 산과 들은 꽃 천지일 터이나 5월의 주머니 사정은 빚 천지다. 어린이날이 있고 어버이날이 있고 스승의 날이 있고 지인들의 생일에 날이 좋아 주말마다의 결혼식은 흔히 말해 짜증을 불러일으키는 애교. 물론 가장 쉬운 건 돈이다. 빠르고 간편하며 뒤끝도 없다. 그러나 그만큼 쉽게 잊고 잊힌다. 발품을 팔아가며 선물을 사러 돌아다녔던 이유는 단 하나, 그 순간만이라도 정을 나눈 이의 얼굴과 목소리를 떠올리며 그와의 추억을 되새김하기 위해서다. 레고 블록보다 퍼즐 조각을 즐겨 만진다는 것, 콩나물보다 숙주를 즐겨 먹는다는 것, 장미보다 백합을 즐겨 꽂는다는 것, 라운드 티셔츠보다 브이넥 티셔츠를 즐겨 입는다는 것처럼 누군가가 좋아하는 그 무엇을 안다는 일은 사실 얼마나 귀한가.

고민 끝에 올해 5월의 각종 기념일 선물을 '책'으로 통일했다. 편집자가 업이니 책이면 거저인 줄 아는 이들이 꽤 되는데 천만에, 내가 만든 책이라 해도 나 역시 서점에서 제값을 주고 산다. 책을 대하는 나만의 예의랄까 의무랄까. 행여 이슈가 되는 책이라도 출간할라치면 그저 하나 보내달라며 별별 데서 별별 사람이 전화를 걸어오니 그때마다 감정적인 나는 서글픔을 앞세우기보다 육두문자를 혀끝에 살짝 말아 감춘 채 냉정해지기 일쑤다. 하루에 커피 석 잔은 아낌없이 사 마시면서 책은 왜 하늘에서 뚝 떨어지는 새똥 정도로 여기는 걸까. 물론 책의 귀함을 돈보다 우위에 놓는 이들이 많다는 것 또한 모르는 바 아니다. 고무적인 현상 가운데 하나가 작은 규모의 서점들이 날로 늘어나고 있다는 게 증거니까.

골목 구석구석을 점령한 카페들 사이에서 감각적인 이름을 단 소규모 서점들이 하나둘 생겨나고 있다. 그 서점들을 찾아갔을 때 나는 주인장들의 얼굴에서 순전한 순정을 바로 읽어냈다. 좋아하는 놀이를 할 때의 어린이는 얼마나 천진한지. 장사를 목적으로 한다지만 그들이 계산기보다 중히 여기는 건 '취향'의 공유였고 '함께'라는 연대였다. 저자와 제목을 대면 빽빽하게 꽂힌 서가에서 책을 꺼내 건네는 대형서점의 직원들과 달리 작은 책방의 주인들은 무엇을 읽어야 할까 고민하는 우리에게 한참의 궁리 끝에 저자와 제목을 조심스레 말하고 테이블 위에 듬성듬성 놓인 책 중 한 권을 집어 우리에게 건넨다. 이미 읽은 자의 아름다운 부연이 얼마나 큰 신뢰를 주는지 신문 한 귀퉁이에 이주의 베스트셀러 같은 도표를 독서의 기본 리스트로 알고 사는 이들은 짐작이나 할까.

또 한곳의 실험서점이 문을 열었다는 소식을 들었다. 밤의 도서관이라는 테마를 필두로 규모를 떠나 책과 관계된 문화적인 공간을 만들고자 책을 선별하여 전시 판매한다는 그곳에서 현재 팔고 있는 책은 단 두 종. 출판시장의 장기 불황 속에 이런 소소한 움직임의 다양성은 인간의 상상력이 빚어낼 수 있는 유일한 희망일 터. 결심하노니 훗날 단 한 권의 책만 파는 서점의 꼬부랑 백발 할머니로 늙어가고 싶다. 평생을 걸고 자부할 수 있는 단 한 권의 책, 그 책의 판권에 만든 이가 내 이름이라면 더할 나위 없이 좋겠지만서도!

:
'잊음'을 '있음'으로

 우리 안에 큰 참사가 벌어질 때마다 우리 밖에 사는 지인들로부터 아픈 편지들이 속속 도착하곤 한다. 떠나 있는 만큼의 객관적인 '거리'가 절망과 한탄으로 가슴을 치게도 하지만 무엇보다 멀리 있음에서 오는 증폭된 그리움이 호주로 이민 간 친구의 안방에 매일같이 태극기를 걸게 하는 힘인지도 모르겠다.

 어쨌거나 세월호가 바다에 가라앉은 지도 일 년이 훌쩍 지났다. 이제 그만 좀 하라고 지겨워죽겠다고 날을 세우는 이들도 있다지만 대꾸할 일말의 가치도 실은 못 느낀다. 그 배 안에 내가 있었고 아직도 돌아오지 못한 내 가족이 있다 했을 때 이를 '가정'해볼 줄도 모르는 인정머리로 대체 누군들 제대로 사랑할 수 있겠나 싶으니까. 내가 탄 배가 아니라서 지금의 나는 송구

하게도 거리 위를 또각또각 소리내며 걸을 수 있다지만 보도블록 틈새로 하이힐의 굽이 끼는 낭패를 겪어야만 내 시선을 앞이 아닌 아래로 떨구니 고개를 숙여 나를 들여다보는 일의 만만찮음을 그제야 비로소 깨닫게도 된다.

독일 뮌스터의 거리 곳곳에는 '걸림돌'이라는 경고물이 보도블록 곳곳에 박혀 있다고 한다. 독일의 조각가 군터 뎀니히의 주도로 만들어졌다는 가로, 세로 10cm의 황동판. 그 안에 새겨진 글귀는 다음과 같단다. "여기에 살았다. (이름) (태어난 해) (사망한 해) (끌려간 장소)."

나치가 자행한 범죄와 이차세계대전의 희생자들, 더불어 홀로코스트에 영원한 책임을 가지겠다며 과거사를 직시한 독일은 물론 유럽 십칠 개국에 사만오천 개가 설치되어 있다는 이 '걸림'이라는 '돌'을 검색해보니 마치 네모난 초콜릿을 금박 포장에 싼 것 같은 은은한 튐이 한눈에 들어온다. 그 아픈 걸림돌을 무심히 밟고 가는 날이 있는가 하면 한참을 주저앉아 들여다보는 날도 있을 것이다. 그 아픈 걸림돌을 사뿐히 지르밟고 가는 사람이 있는가 하면 행여나 밟을세라 보폭을 크게 해 건너뛰는 사람도 있을 거다. 그러나 중요한 건 '잊음'이 아니라 그럼에도 불구하고 그러한 '있음'이 아닐까. 더군다나 우리처럼 빨리 더 빨리라는 속도전에 승부욕을 불사르다 저부터 재가 되는지도 모르는 슬픈 민족에게는 특히나 말이다.

요즘 안산에서는 세월이 흐른 뒤에도 세월호에 탄 아이들이 있었음을 잊지 않기 위해 아이들의 생일마다 조촐한 생일모임을 이어가고 있다. 아이를 사랑했던 이들이 앞으로 아이를 더 사랑하기 위해 만나는 그날, 가족이 기억하는 아이를 시인이 '시'라는 고유의 형식으로 재구성한 '육성시'를 '생일시'라는 이름으로 함께 나누기도 한다. 안산 합동분향소에 들러 빼곡하게 붙어 있는 온갖 메모며 카드며 편지를 읽어나갔을 때 일순 먹먹해졌던 건 대부분 첫 줄이 '누구누구야 생일 축하해!'로 시작되는 문장 때문이었다.

살아 있고 죽어본 적 없으니 생과 사의 가름을 누군들 똑소리나게 설명해줄 수 있겠습니까마는 잊음에 저항하는 것이야말로 인간성을 지키려는 최소한의 몸짓이라는 한 시인의 말에 격하게 동의하는 바다. 밤에, 그것도 목을 뒤로 확 젖힌 채 올려다봐야만 희미하게 보이는 '별'을 우리라 할 때 내게 내 별이 왔던 날을 기억하고, 내게 유일했던 내 별만의 이름을 불러주고,

내 별이 진짜 내 별로 돌아간 날을 잊지 않는 일. 일 년 365일 가운데 빛나는 삼백사 개의 별이라…… 걷고 뛰다 문득 밤하늘을 올려다보는 이가 있다면 우리 좀 지켜봐주면 안 될까.

말만 쓰면 아프다

골프의 '골'자도 잘 모르지만 곧잘 골프 프로를 보곤 한다. 골프 전문 채널이 여럿이니 작정하고 텔레비전을 켜면 재방송이든 생방송이든 하루종일 골프 치는 남과 여를 골라볼 수도 있다는 얘기다. 내가 클래식 음악 듣듯 골프 경기를 보게 된 건 필드 위에서 펼쳐지는 놀라운 적막, 그 '침묵'이란 먹먹함을 눈으로 확인하게 된 후부터다. 공이 홀 안으로 완벽하게 빨려들기까지 요구되는 고도의 집중력이 어떤 힘인지 한 선수가 품어내 보이는 어떤 자세로부터 확실히 알아먹을 수 있었던 것이다. 문학적 화두로 자주 쓰이는 테마이니 그 침묵에 대한 이야기는 참으로 많이 쏟아져왔다.

그러나 막 짜낸 젖소의 젖처럼 그 침묵이 바로 구현되는, 그 침묵의 생짜를 경험하기란 쉽지 않은 터. 골프를 대표로 예를 들긴 했지만 인간들의 스포츠야말로 그 침묵의 다양한 민낯을 엿보게 해주는, 무수히 많은 그 침묵의 바로미터가 아닐는지.

다이빙보드 위에 한 선수가 몹시도 신중히 물구나무를 서고 있다. 물속으로 뛰어드는 동작의 기술과 미를 겨루는 다이빙 경기에서 보다 아름답게 입수하기 위해서는 더한 침묵이 전제되어야 한다. 테니스 코트에서 팽팽히 맞선 두 선수 가운데 한 선수가 라켓을 힘껏 휘둘러 서브를 넣고 있다. 상대로부터 넘어오는 공을 보다 강하게 되받아치기 위해 한 선수에게는 더한 침묵이 전제되어야 한다. 사격이나 양궁처럼 분명한 표적을 목적으로 하는 스포츠의 경우 침묵이 전부라서 덤덤하기도 하거니와 동시에 승부차기시 골키퍼와 마주선 스트라이커의 침묵에는 안쓰러움을 느끼게도 된다. 페터 한트케의 소설『페널티킥 앞에 선 골키퍼의 불안』에 암묵적으로 깔려 있을 침묵의 전제는 그러다 어느 날 저마다 제 안에 잘 싸매둔 슬픔의 감정까지 죄다 꺼내 풀게 만든다. 울게 만든다.

산다는 일이 그렇지, 어차피 죽어가는 일이지. 이 빤한 사실을 제대로 맞닥뜨리면 사는 데 여러모로 불편하다는 걸 너나 할 것 없이 아주 잘 아는 까닭에 오늘도 우리는 그 침묵의 순간을 견디지 못한 채 말에게 애걸복걸이다. 통화만 간단히 그렇게 시작했던 전화기를 '가짜 팔'이 아닌 '진짜 팔'처럼 제 귀에 매단 것도 우리다. 들리지는 않으나 보여지는 말로 말의 알을 무수히 낳고 있는 말의 산란 장소 SNS를 만든 것 또한 우리다.

어젯밤에 열 시간 넘게 잤는데도 잔 것 같지가 않아요. 후배가 벌게진 눈으로 내게 답답함을 호소했을 때 나는 더 뻘게진 눈으로 이렇게 말했다. 난 있지, 잠의 그 침묵을 영영 잃어버린 것 같아. 나는 잠도 밤도 다 까먹었어.

수면제가 떨어져 병원에 전화를 하니 일주일 전부터 예약 스케줄이 꽉 차 있다고 했다. 간호사는 내주부터 시작되는 병원 여름휴가 전에 약을 처방받으려는 환자들이 몰린 탓이라 했다. 몸은 안 쓰고 말만 쓰니 이렇게들 아픈 걸까. 침묵이고 나발이고 나는 일단 텔레비전부터 꺼야 살겠다. 끈다.

아프니까 엄마다 뭐!

우리 엄마로 말할 것 같으면 다치는 일을 식은 죽 먹기처럼 하는 사람이다. 세명이나 되는 제부들은 아픈 엄마를 볼 때마다 이렇게 탄식하곤 한다. 아무리 봐도 인하대병원 돈은 장모님이 다 벌어다주는 것 같다니까요.

지난해 추석에는 펄쩍 뛰는 빨간 대야만한 광어를 회로 치다가 엄마 손이 칼에 베였다. 피가 줄줄 새어나오는 손이 무슨 대수냐는 양 수건으로 둘둘 감은 채 병원에 간 엄마는 도합 아홉 바늘을 꿰맸고, 그러고 돌아와서는 베란다에 쪼그리고 앉아 그렇게 붕대 감은 한 손에 비닐장갑을 끼고 그놈의 광어새끼를 마저 회로 쳤다. 우리는 초고추장인지 엄마의 핏물인지 입에서 알싸하게 씹히는 광어회 접시를 좋다고 다 비워냈다.

올해 설날에는 연안부두에 가다가 트럭에 차가 받히는 교통사고로 엄마가 병원에 입원했다. 목에 깁스까지 한 채 절대안정을 요하는 의사의 소견에도 엄마는 외출증을 끊고 나가 장을 봐서는 뭇국을 끓이고 삼색나물을 볶으며 육전에 어전을 부치고 사과에 배에 감에 대추를 씻고 밤을 다 까더니 아버님, 이제 더는 못하겠네요, 하며 병원으로 향했다. 우리는 엄마가 E.T.가 된 목으로 차려놓은 차례 음식에 잽싸게 밥만 퍼서 한 상을 다 비워냈다.

어김없이 올해도 추석이 돌아왔다. 이번 명절은 무탈하게 지나가려니 전날 음식 준비를 마친 엄마가 씻겠다며 욕실로 들어가더니만 순간 퍽 하고 콘크리트 터지는 소리가 들렸다. 냅다 달려가니 욕조에 머리를 부닥친 엄마가 세면대 아래 털썩 주저앉아 있었다. 피, 피, 아 피 좀 봐. 욕조 여기저기 튀어 있는 피에 놀라 엄마를 일으키니 어른한테 차마 할 소리는 아니지만 눈썹 아래 찢어진 부위가 개구리 울음보처럼 부어오른 건 둘째 치고라도 진짜 눈탱이가 밤탱이가 되어 있었다. 채 칠 분도 안 되어 119가 왔다. 밖에서 앵앵 119가 울어대는데도 엄마는 피 흘리는 눈으로 유유히 윗니 아랫니 거품을 잔뜩 내어가며 이를 닦아댔다. 엄마 미쳤어? 지금이 이 닦을 때야? 갈 때 가더라도 이는 닦아야지. 나 게장 실컷 빨았는데 의사한테 고린내를 풍길 수는 없지 않냐.

명절날 새벽의 대학병원 응급실은 놀랍게도 만원사례였다. 침대 한 칸을 차지하려고 간호사 꽁무니를 쫓아다니는데 저마다 침대에 누운 사람들의 갖가지 병명이 한눈에 알아차려졌다. '장염이거나 술병이거나 교통사고 환자가 대부분이 아니겠어?'라는 추측은 여지없이 무너졌다. 계단에서 뒤로 넘어져 뒤통수가 깨진 아줌마에, 힘주어 똥을 누다 탈장이 된 아줌마에, 손자 업고 장에 갔다오다 넘어져서 턱이 깨진 아줌마에, 엄마처럼 화장실에서 넘어져 코뼈가 박살난 아줌마에. 이 가을 한가위의 슈퍼문은 아줌마들 아프라고 뜨는 달인가.

늙으면 다리에 힘이 없어져 자꾸 넘어지는 겨. 어쩔 수가 없는 겨. 그러다 영 못 일어나는 겨. 절구 방망이를 떨어뜨려 엄지발가락 뼈가 바스러져 왔다는 엄마 침대 옆칸의 할머니가 말했다. 일곱 시간 동안 서서 얼음주머니로 엄마의 눈을 마사지한 나보다 할머니의 말에 엄마가 더 큰 위로를 받는 듯했다. 따지고 보면 우리 엄마만 유난스레 아플까. 세상 모든 엄마는 다 아프면서 죽어가고 있다는 슬픈 사실!

2016년

손이 하는 일,
그리고 우리가 사는 일

 마흔 넘어 처음으로 네일숍에 가봤다. 타고난 손톱의 모양새가 워낙 못나다보니 일찌감치 가꿀 의지조차 포기한 것도 맞지만 그보다는 묘한 부끄러움에서 시작되는 낯섦이 내겐 더 컸던 듯싶다. 목욕탕 세신사와의 만남도 딱 그랬거니와 매일같이 손톱은 자라나고 한번 재미에 들리니 틈이 날 때마다 숍을 들락거리게도 되는바, 그래서 생긴 일상이라면 누군가의 손을 유심히 살피는 취미가 생겼다는 사실이다. 손을 훔쳐보는 버릇이 든 뒤부터 누군가의 얼굴을 다르게도 기억하게 되었다는 사실이다.

 백화점에 들렀을 때의 일이다. 일층 화장실을 찾고 보니 입구 한쪽에 자리한 의자에 한 아주머니가 앉아 계셨다. 복장으로 보아 화장실 청소 업무를 맡고 계신 게 분명했는데 휴대폰을 쥐고 있는 한 손이 한눈에도 너무 빨갰다. 헉, 괜찮으세요? 아 뜨거운 물에 좀 데어서요. 그런데 왜 여기 앉아 계시는 거예요? 화장실이 더러우면 전화를 하라는 메모를 보기는 하였으나 그래서 달려온 것 같지는 않고 칸칸이 너무 깨끗해서 그럴 이유도 만무해 보였다. 편한 데 가서 좀 쉬시지 왜 여기 앉아 계시냐고요. 아주머니는 화장실로 들어서는 누군가에게 불편을 초래할까 두 다리도 잔뜩 오그린 채였다.

내가 몰라서 물었을까, 아주머니가 몰라서 답을 안 했을까. 아주머니는 난감한 표정이더니 이내 우물쭈물한 억지웃음을 지었다. 그러고는 한 손으로 연신 붉게 데인 한 손을 쓸어내리는 거였다. 내 잘못으로 커피 쏟은 거예요. 정말이에요. 내 물음과 달리 아주머니의 자책이 뜬금없지 않음을 모르지 않았다. 내가 오지랖을 떠는 순간 일자리를 잃을 수도 있다는 공포와 두려움을 왜 모르겠는가. 입이 있는데도 그 어떤 말도 할 수 없게 만드는 이 보이지 않는 완력은 대체 어디에서 오는가. 최소한 커피는 화장실이 아니라 방에서 마시게 해주면 안 될까. 그게 왜 그렇게 무리인지는 알다가도 모를 이유지만서도 붉은 손은 아픈 손, 그날 내 일기는 그랬다.

지난달 이사 때의 일이다. 이삿짐센터에서 사람들이 와서 보니 아홉에 다섯이 몽골 남자들이었다. 책짐이 많다보니 데려왔어요. 요새 한국 사람들은 힘든 일 안 하려고 해요. 다들 다부지게 힘도 좋고요. 이사는 시작되고 방에 박힌 짐들이 빠져나가기 시작하는데 힘든 내색 한번 없이 그들은 묵묵히 땀을 흘려대면서도 저기요, 하고 부르면 환한 미소를 지어가며 친절하게 응대했다.

그중 고양이 알레르기가 있다던 한 사내가 내 짐더미 속에 엉켜 있던 고양이 털에 연신 재채기를 해대면서 옥상에서 눈물을 흘려대는 것이었다. 식염수로 세수 좀 할래요? 뭐? 식염수 몰라. 소금물이요. 눈이 빨개진 사내가 손에 끼고 있던 면장갑을 벗는데 왼쪽 손의 검지, 중지, 약지가 뭉텅 잘려나가 있었다. 아팠겠다. 아파. 어디서 다쳤어요? 천안. 많이 힘들죠? 아니 나 괜찮아, 밤가시에 가족 있어, 딸도 있어. 아 결혼해서 일산 사는구나. 사내는 결혼반지를 자랑하며 그제야 흰 이를 드러내며 웃었다. 몽골 좋아. 한국 더 좋아. 손 없어도 좋아. 딸이 좋아해 코리아. 돈 벌어야 해.

돈, 그렇지 벌어야 하지 그렇긴 한데 쓸쓸해져서 말없이 건너편 집이나 쳐다보게 되는 헛헛함은 어찌할거나. 딸 이름이 달래라고 했다. 박태일 시인에게 들은 적이 있다. 달래는 몽골 말로 바다라고. 바다는 예서나 게서나 역시나 짠 이름이 맞다 싶다.

:

새해에는
보다 느려져보자는 이야기

 이달 초 교토를 짧게 며칠 다녀왔다. 몇 날 며칠 누구와 만나든 그 도시의 좋음에 대해 떠들어대던 가운데 하루는 후배들과 한우 육회와 산낙지를 비벼 일명 '소낙비'라 이름을 붙인 접시 앞에 연신 젓가락질중이었는데 순간 원산지가 적힌 메뉴판이 다시 보이는 것이었다. 한우는 함평산, 낙지는 무안산, 하여 물으니 일행 셋 중 그 누구도 그 두 산지에 다녀온 이가 없었다. 나 역시도 이쯤이다 하고 설명할 길이 막막했으니 일본의 천년 고도 교토가 어쩌고저쩌고 잘난 척하다 일순 저 무안이 아니라 이 무안을 맞닥뜨리는 심경이라니.

 물론 우리나라 사람이면 우리나라 곳곳을 무조건 다 알아야 한다는 기저에서 행하는 말은 아니렷다. 우리나라 사람이라고

해서 모두가 고산 김정호의 눈과 손과 발로 태어날 수는 없을 터, 우리나라 사람이면서 우리나라 곳곳을 반드시 다 알아야 하는 의무와 책임은 단 한 사람, 대통령이라는 자가 이고 져야 할 지게라 할 때 그럼에도 우리가 여행자의 봇짐을 머리 위에 질 적마다 똬리처럼 얹어봤음 싶은 말이 있으니 이를테면 이한 줄이다. 그런데 당신은 왜, 왜 떠나려고 하십니까.

1924년 에베레스트 정복에 나섰다가 실종된 영국 산악인 조지 맬러리의 말처럼 그 산이 거기 있다는 이유가 무엇보다 큰 당위가 돼주기도 할 것이다. 묻고 따짐을 돌연 무색하게 만드는 그저 좋음이라는 연유로 나 역시도 12월의 어느 날 교토 도시샤대학 교정을 느릿느릿 걷다 1923년 이 대학에 입학한 정지용 시인과 1942년 이 대학에 편입한 윤동주 시인의 시비 앞에 우뚝 서고 말았으니 그 순간에 불던 바람은, 그 순간에 내리쬐던 볕은, 그 순간에 드리웠던 나무 그늘은, 그 순간에 자전거를 타고 지나가던 여학생의 살짝 열린 백팩은 순식간에 시간을 초월해버리니 비로소 내 떠나옴에 대해 떠나온 나에 대해 되묻기도 되는 것이었다.

무엇보다 관건은 느림, 그 느리게 역으로 흘러가는 시간 속에 있었다. 빠름, 그 빠르게 앞으로 달음질쳐가는 시간을 좇으려 새해 새 다이어리를 고르다 바다 건너 일본에서 한국의 두 시인과 그 둘의 시를 마주했을 때 나는 전에 없이 느릿느릿 그들의 시를 읽어나가는 나를 발견할 수 있었다. 쉽게 읽히고 만만하게 이해되고 그래서 다 안다고 여겼던 정지용 시인과 윤동주 시인의 시가 마치 한글을 처음 깨우치고 최초로 읽은 책 한 권의 그것처럼 격한 흥분을 안기기에 충분했다. 시어뿐 아니라 그 시절의 역사며 문화며 날씨까지 나를 관통해가는 느낌이었다. 관광이라면 여기 왔다 감 하며 휴대폰으로 기념 촬영이나 하고 뒤돌아섰을 텐데 여행이라니 여기 왔구나 하며 온몸으로 기념 새김을 하느라 좀처럼 발이 떨어지지 않는 것은 아닌가 하는 그 먹먹함과 막막함의 느려짐.

관광하는 자와 여행하는 자의 차이를 그렇게 절로 알게 하는 느린 보폭의 힘. 새해 새 다이어리에 '보다 느려지기' 같은 구절을 써두고 입버릇처럼 발음해보면 어떨까. 점심에 식당에 가서 사장님 빨리빨리요 말고 사장님 천천히요 해보는 여유, 사소한 경험이라지만 서로 실천해보면 어떨까. 이 나라 전역에 켜진 촛불도 애초에는 하나의 초에서 시작된 터, 까짓 해보자 하면 또 너무나 잘해내는 민족이 우리인 까닭에 나는 빤한 소리라지만 또 이렇게 뱉어보는 것이다. 앞서 언급한 조지 맬러리는 실종된 지 칠십오 년 만인 1999년 에베레스트 근방에서 발견됐다 한다. 죽었으나 끝끝내 살아남은 인간의 힘, 시간을 초월해온 인간들이 있어 가능했던 힘. 우리 내년에는 이런 여행 좀 자주 합시다요.

2017년

:
굳세어라 책들아

 해마다 말일이면 고심하여 노래 한 곡을 고른다. 해마다 첫날이면 고심하여 노래 한 곡을 고른다. 해를 보내고 해를 맞으며 내가 고른 내 노래 속에 나를 넣고 삼 분가량이라도 내게 집중하는 시간을 좀 가져보자 소소하게 벌여온 일이었는데 어쩌다보니 지난 말일에는 〈태평가〉를, 올해 첫날에는 〈옹헤야〉를 들었던 나였다.

 왜 하필 타령이었냐고 누군가 묻기에 일거의 망설임도 없이 그랬다. 가사가 죽이잖아. 짜증을 내어서 무엇 하나. 성화를 받치어 무엇 하나. 속상한 일이 하도 많으니 놀기도 하면서 살아가세. 니나노. 아아, 사는 게 내내 짜증더미여서 내가 작년에 〈태평가〉를 즐겨 들었던 게 아닐까 싶었다. 잘도 한다, 옹헤야 그러니까 올해는 잘도 하고 싶어서 〈옹헤야〉를 집었던 게 아닐까 싶었다.

그러고 보니 그 많던 민요 가사책은 다 어디로 사라졌나 문득 그 책자들에 대한 호기심이 이는 것이었다. 기타 치는 동네 오빠네 집에 하도 넘겨봐서 두툼하게 불어 있던 팝송대백과도, 동아리방마다 책장 간간이 코딱지 같은 게 붙어 있던 민중가요집도 어느 한순간에 애초에 없던 존재들처럼 자취를 감춘 듯했다. 노래지만 책이라는 이름으로 우리에게 홀홀 읽히던 그 읽음의 순간들을 우린 분명 경험한 게 맞는데 우린 언제 다 잊은 사람이 되었던가.

벽두부터 출판계는 송인이라는 대형 도매상의 부도를 직격탄으로 맞았다. 나 역시 소규모의 한 출판사를 꾸려가는 일원으로 원치 않은 손해를 감수하게 되었지만 여기서 뻥 저기서 뻥, 크고 작은 피해를 본 출판인들의 사정이 서로 각기 처참하니 우리가 이러려고 책을 만들었나 하는 유행어를 한숨처럼 남발하지 않을 수 없었다. 무엇보다 종이책 시장이 현격히 줄어든 마당이라 더이상 책에 날개가 달릴 거라는 꿈도 꾸지 못하는 마당에서 맞닥뜨린 도산이라는 위축은 막막한 우리의 내일을 더욱 깜깜하게 칠해버리는 검은 손만 같았다.

자, 그렇다고 한다면 신간은 줄고, 신간을 기획하는 이도 감감무소식이어야 하고, 신간을 기다리는 독자도 나 몰라라 그런 패턴이어야 하고, 이 모든 책을 팔려는 서점들도 자취를 점점 감춰가는 게 빤한 계산법일진대 어라, 이게 또 그렇지가 않더란 말이다. 책이 안 팔린다 하면서도 나는 새로 나올 책의 교정지를 겹겹이 쌓아놓은 채 편집에 바쁘고, 그것도 모자라 책을 새로 하자며 필자들을 따라다니느라 호들갑이고, 그 책 나온다더니 언제 나오냐며 회사로 신간 문의를 해오는 독자들과 목청 터지게 통화도 하고, 동네서점 주인들과 소소한 이벤트를 모색하며 커피를 마시느라 속이 쓰리니 대체 한국에서 이 '책'이라는 물건을 어떤 조화로 읽어내야 비교적 온당할지 자꾸만 헷갈리는 것이다.

세상 그 어떤 물건이 돈 앞에서 자유로울까마는 돈의 더러운 속성에서 어쩌면 가장 멀리 던져진 것이 책이리라. 그 외따로운 곳곳에서 배곯는 두려움에도 자기만의 건강한 싹을 자유로이 틔우는 것이 유일하게 책이리라. 사고파는 논리만을 따진다면 이 땅의 무수한 활자들이 과감하게 책의 배내옷을 입고 아이처럼 쏟아질 수 있을까. 우리에게 지금껏 책이 존재할 수 있었던 데는 어쩌면 책이 가진 저돌적인 무모함, 책만의 순정일 수도 있겠다는 생각을 다분히 해보게도 되는 요즘이다.

비록 이 착각이 내 발등을 찍는다 한들 책이니까, 책은 도끼보다 덜 아프니까. 번화한 술집 거리를 통과한 다음날 유독 주머니 속에는 반으로 접힌 전단지가 가득이다. 이 종이 한 장 쓰레기통에 내버리기에도 죄책감이 드는 걸 보니 아직은 나 '책할' 때인가보다.

:

우리 제훈이
생일 축하해!

 2월 23일 목요일. 오늘은 단원고 2학년 8반 김제훈 학생의 생일입니다. 2014년 4월 16일 그해 그날을 두 달가량 앞둔 2014년 2월 23일은 일요일이었지요. 생일이었으니 아마도 제훈이는 아침에 엄마가 끓여주신 미역국 한 사발을 깨끗하게 비웠을 겁니다. 생일이었으니 아마도 제훈이는 점심에 친구들을 만나 소박한 그네들만의 파티를 했을 겁니다. 생일이었으니 아마도 제훈이는 저녁에 가족들과 둘러앉아 초가 꽂혀 있는 케이크를 잘라 먹으며 하루가 저물어가고 있음을 못내 아쉬워했을 겁니다. 열여덟 생일이었으니 아마도 제훈이는 열아홉 스물 스물하나의 생일도 내내 꿈꾸다 잠들었겠지요.

 참으로 고마운 배려 속에 2015년 2월 23일 월요일 열아홉 제훈의 생일상을 함께 차릴 수 있었습니다. 손끝이 야물지 못한 나는 그나마 가진 재주가 받아 쓰는 일이기도 한 덕분에 제훈이의 시선으로 쓰는 육성 생일시를 담당할 수 있었다지요. 제훈이를 추억하는 가족들의 글과 제훈이가 들어앉은 사진만으로 내가 감히 제훈이의 목소리를 전할 수 있을까. 자신 없음으로 내내 부들부들 떨다가 청탁 메시지의 한 구절에 이내 기쁜 마음으로 책상에 앉은 저였답니다. "아이에게 잘 있다는 말 한마디만 들을 수 있다면 숨을 쉴 수 있을 것 같다"고 아이들 부모님이 공통으로 말씀하셨다니 망설일 이유가 더는 없었다지요.

고맙게도 제훈이는 내게 와주었습니다. 내가 자신의 목소리를 낼 수 있게 환하게 웃으며 와주었습니다. 혹시나 싶어 방방마다 창문도 활짝 열어두고, 평소에 제훈이가 즐겨 들었다던 버스커버스커의 〈벚꽃 엔딩〉도 반복 재생해놨지만, 그보다는 나를 안심시켜주려고 내 집 어딘가에 와 있는 착한 아이구나 하는 느낌을 확실히 전해주었습니다. 울면서 쓸 줄 알았던 육성시를 웃으면서 쓰고 있다니, 이 좋음을 이 다행을 어떻게 제훈이의 부모님에게 전할 수 있을까. 혹여 지금의 이 풍경을 두고 나를 미친 여자라며 불쾌해하시지는 않을까.

며칠 뒤 제훈이 어머니로부터 전화를 받았습니다. "우리 제훈이 잘 있던가요, 선생님?" "네, 그럼요. 너무 잘 있어요. 그러니까 어머니, 걱정은 마시고 밥 드세요 밥. 밥 드셔야 제훈이가 걱정을 안 해요." 예고 없이 걸려온 제훈이 어머니의 전화였고 위로를 목적으로 한 그 어떤 상투적인 글도 준비하지 못한 터였으니 내 대답은 내 심장에서 바로 튀어나간 생짜 그 자체였음을 지금도 나는 맹세할 수 있다지만, 이 비극적인 슬픔에 대해서는 여전히 가늠할 길이 없습니다. 제훈이를 낳아서 기른 어머니가 생전에 제훈이를 본 적 없는 내게 제훈이의 안부를 물어야 하는 이 어처구니없는 현실을 누가 우리에게 이해시킬 수 있단 말입니까.

제훈이 덕분에 생일 부자가 된 나는 제훈이 생일마다 그 핑계로 가장 다디단 케이크를 사는 재미에 빠졌습니다. 내 생일에 나 먹을 케이크 사기는 마흔둘 나이 먹도록 한 번도 행하지 못한 민망함이라지만 제훈이 생일에 나 먹을 케이크 사기는 몇 해째 해오는 당당함이랍니다. 물론 혼자 다 먹을 수 없어, 또 잔칫날이기도 하니 위풍당당 지인들 불러다 케이크 앞에 앉힌다지만 포크를 쥔 지인들에게 일단은 실컷 제훈이 얘기를 해대니 귀가 따가워서라도 제훈이 그 자리에 못 오고는 못 배길 겁니다. 손에 포크 하나 쥐는 것도 잊지 않은 채로 말이지요.

 잊지 않기 위해서는 자주 이름을 불러줘야 한다고 들었습니다. 그래서 오늘도 이렇게 말하는 것입니다. 생일 축하한다, 김제훈!

:
"고향이 어디냐고요?
인천 짠년인데요"

   고향이 어디냐고 물으면 난 꼭 그런다. 저요? 인천 짠년인데요. 누가 시킨 것도 아니고 보고 배운 것도 아닌데 왜 굳이 짠에 년까지 붙이고 마는지 실은 나도 잘 모르겠다. 부지불식간에 툭 튀어나가는 습관이니 태생적인가 하면서도 실은 발음에서 묘한 쾌감을 느끼게도 되는바, 이 대목에서 분명하게 짚고 넘어갈 부분은 어쨌거나 내가 지갑 열기의 선수라는 거다. 그러니까 자린고비의 그 소금이 아니라 인천 앞바다의 그 소금에 혀를 대는 게 나란 거다.

   인천에서 나고 자랐으나 더는 인천에서 먹고 자지 않는 나는 그런데도 종종 인천에 간다. 평생 인천 미추홀구에 둥지를 틀어온 부모님이 여직 그곳에서 여전한 둥지를 지키며 살아가는 까닭이다. 인천에 가면 집 말고는 참 갈 데가 없어 하면서도 나는 아빠를 앞장세워 집을 나서기 일쑤다. 칠십삼 년 인천 토박이를 따라 자주 가던 인천 곳곳을 산책할 적에 드는 익숙한 편안함이 추억을 빙자한, 꽤 누릴 만한 사치 같기도 해서다.

특히나 평생 노동자로 근무한 동일방직을 중심으로 동구 안팎을 다닐 때면 유난히 목소리가 커지는 게 아빠다. 어린 나를 목말 태워 신나게 드나들던 단골 가게에 작정하고 들를 때면 더더욱 목청을 높이는 게 아빠다. 몇 대에 걸쳐 이어지는 가게마다 고주망태 아빠를 기억하는 부엌 할머니들이 꽤 있었으니, 어느 날은 대구탕 할머니가 맨발로 뛰어나와 아빠를 와락 끌어안았고, 어느 날은 주꾸미 할머니가 아빠를 보고 주저앉아 눈물 바람인 적도 있었으며, 어느 날은 중국집 할머니가 아빠에게 고기 튀김 한 접시와 고량주 두 병을 품에 안긴 적도 있었다. 돈깨나 뿌린 덕분이지, 안 그래? 어머니를 일찍 여의고 어머니뻘 되는 가게 주인아주머니는 죄다 양어머니 삼던 아빠의 연한 기질 탓도 있었겠지만 그보다 나는 아빠만의 분명한 미각에 더한 신뢰를 품어왔다. 최소한 맛없는 집은 두 번 다시 안 가는 단호함이 또한 아빠에게 있었으니 말이다.

그런 아빠랑 자주 술을 마시고 북성포구에 걸으러 다녔다. 초입에 조개 까는 할머니들 보러 간다는 게 핑계기도 하였지만 실은 아빠랑 걷고 싶어 가곤 했는지 모른다. 북성포구라 쓰인 간판을 따라 들어가면 다닥다닥 붙어 있는 쇠락한 횟집 몇이 있고 그 옆으로 난 바다가 보인다. 물이 차면 유한락스 통이나 사이다 병이나 검은 튜브가 둥둥 떠 있는 바다지만 물이 빠지면 살이 어지간히도 쪄서 뒤뚱거리는 것처럼 보이는 갈매기들 천지가 되는 검은 땅.

가본 사람은 알겠지만 북성포구라 하면 그게 다다. 실은 그 별것 없음을 확인하는 일이 북성포구를 다녀가는 일의 전부다. 작년 여름에는 공연히 지는 노을이 너무 빨갛다 싶어 그 노을 사진만 이백 장을 넘게 찍어가며 소주 두 병을 비우고 온 적이 있었고, 지난겨울에는 북성포구 입구에 쌓아놓은 검은 새 연탄들 옆에 다 타가는 희뿌연 연탄을 쪼그리고 앉아 한참을 들여다보고만 온 적도 있었다. 그냥 그래보고 싶은 어떤 순간들에 충실해져보는 자유, 그 거리낌 없음. 무엇을 보겠다는 작심이 없으니 가볍고 빈 마음인데 그러다보니 무언가를 채워서 가게도 되는 곳, 그곳이 내게는 북성포구다. 턱없이 허탈한 발걸음 속에서 사는 일의 헛헛함을 재확인시켜주는 곳, 그럼으로 되레 안팎으로 건강한 정신을 갖게 해주는 곳, 그곳이 내게는 북성 포구다. 아마도 예닐곱 편을 시로 쓰지 않았나 싶다. 산문이야 이리 흔하고.

.

:
오늘도 5월 18일입니다

 오늘은 5월 18일입니다. 5·18 민주화운동 기념일입니다. 1980년 봄의 일입니다. 그런데 어쩜 이렇게나 모를 수가 있었을까, 고등학교 1학년 때인 1992년 대학가 풍물패에 끼어 장구를 배우다가 대학생 오빠가 보여준 몇 장의 흑백사진에 울었던 기억이 납니다. 사람끼리인데 사람이 사람에게 맞는 사진이었기 때문입니다. 전우의 시체도 아닌데 사람이 시신으로 줄줄이 누워 있던 사진이었기 때문입니다. 육이오도 아닌데 군복 입은 사람들과 탱크에 탄 사람들이 총을 들고 있는 사진이었기 때문입니다. 아 이게 다 뭔가요. 그리고 이어지는 진실. 연이어 배우게 된 노래, 〈임을 위한 행진곡〉.

 "5·18 광주민주화운동중 희생된 윤상원과 노동운동가 박기순의 영혼 결혼식을 위하여 1981년 작곡된 노래. 가사의 원작자는 백기완, 작곡자는 김종률. 가사의 원작자인 백기완은 1998년 나는 이 노래에 대한 소유권도 저작권도 가지고 있지 않다, 이미 이 땅에서 새날을 기원하는 모든 민중의 소유가 됐기 때문이라며 저작권 불행사 입장을 밝힘."

2017년 위키백과가 정의해주는 이 노래. '노래를 찾는 사람들'의 3집 카세트테이프에 담겨 있던 이 노래를 고등학교 정문 맞은편 버스 정류장 뒤에 자리했던 레코드 가게에서 샀습니다. 〈임을 위한 행진곡〉이라. 그때는 '임'이 아니라 '님'이었고, 들을수록 가락에 한이 서린 듯해 절로 외워지는데다 비통을 호소하고 복수를 다짐하게 만드는 듯해 입시 지옥의 자율학습 시간 내내 테이프가 늘어지도록 들을 수 있었던 것 같습니다.

대학에 들어가 선배들과 술자리에서 자주 이 노래를 불렀습니다. 손에 박자를 담아 단단한 망치질 같은 허공중의 호소로 그들이 선창할 때 나는 이상하게도 노래는 되는데 손이 따라지지 않아 어색한 상황을 몇 번이고 맞닥뜨리고 말았습니다. 이 순간에 나는 왜 쭈뼛거리는가, 나는 왜 전두환의 턱주가리를 쳐올리는 심정으로 굳세게 주먹을 내지르라는 선배들의 말에 망설이는가, 나는 왜 볼이 빨개져서는 소심하게 오므려 쥔 손으로 시늉이나 하다 팔을 내려버리는가.

그에 대한 해답을 근 이십 년 만에 얻게 된 것은 바로 이 한 권의 기록으로 말미암아서였습니다. 광주에서 에세이스트이자 사진작가로 활동하는 문선희씨의 『묻고, 묻지 못하는 이야기』라는 책에서 그날의 총알 자국을 여전히 간직한 광주 곳곳의 벽 사진과 더불어 이런 증언을 여러 번 듣게 된 연유에서였습니다. 무엇보다 어린이의 말, 짠다고 해도 짤 수가 없는 진실의 말. "날이 더운데 할머니가 어디선가 솜이불을 해오셨어요. 총알이 솜이불을 못 뚫는다고요. 옛날 집들은 담이 낮아서 총알이 집안으로 쉽게 들어올 수 있었거든요."(김이강, 1980년, 12세)

골목골목 총알이 스쳐간 그날의 진실을 품고 있는 갈라진 벽. 그 총알을 피하기 위해 집집마다 다급하게 못으로 박아 걸었을 솜이불. 그러니까 내가 5월 광주에 대해 잘 알지 못했던 겁니다. 내가 다 알지 못하니까 자신이 없으니까 움츠러들었던 겁니다. 깊이 알면 적극적이었을 몸이 얕게 안다 싶으니까 소극적으로 반응하고 말았던 겁니다.

과거 현재 미래가 한 물줄기로 흐르는 것이 역사입니다. 역사를 다룬 드라마의 리바이벌이 왜 계속되는가 하면 죽어도 끝나는 일이 아니라는 방증이 아닐까요. 전두환씨, 5월 18일인데 오늘밤 잠 좀 주무실 수 있겠습니까? 다만 저는 오늘밤 꿈자리가 편치는 마시라 주술을 건 주문이나 외워볼 참입니다만.

:
청바지가
다 어울리는 나라

얼마 전 닷새 일정으로 영국에 다녀왔다. 한국과 영국의 시인들이 모여 언어 너머 그 무언가의 공동 작업을 해보자는 프로젝트가 있어 이를 실험하고 시험해보기 위한 목적이었다. 정확히 십 년 전 스페인 방문을 처음이자 마지막으로 유럽행은 꿈꿔본 적도 없던 나는 런던 히스로공항 입국 수속을 기다리며 연신 사방을 두리번거리기에 바빴다. 십 년 전 환승역이던 프랑크푸르트공항 검색대에서 속된 말로 개망신을 당했던 경험이 오늘 아침 일처럼 생생히 떠오르는 까닭이었다. 일행이 열이나 되었음에도 유독 내게만 질문이 쏟아졌고, 결국 나는 현지 경찰의 안내를 받으며 희게 칠해진 어떤 공간 안으로 들어가게 되었는데 거기서 그만 그들이 시키는 대로 부츠를 벗어 내 머리 위에 탈탈 털어 보이는 치욕을 경험해야만 했던 것이다.

아시아 여자인 게 어때서, 내가 어딜 봐서 테러범처럼 생겼냐, 이놈의 땅덩이 내 다신 오나봐라, 그랬던 작심은 간 데 없고 이내 나는 입국 대기 줄 끝에 서서 사방팔방 사람 구경하는 재미에 흠뻑 빠지고 말았다. 정말이지 다양한 인종에 다양한 스타일을 자랑하는 사람들이 저마다 하나의 그림 같았고 책 같았고 나라 같았다. 그래 우린 이렇게 그 자체의 타고남만으로도 특별한 사람들이었지. 모아놓으니 컬러풀한 색색의 조각보처럼 절로 아름다운데 왜 우리는 이 다름을 견디지 못하는 것일까. 사는 게 답답할 땐 공항에 머물다 오라고, 그곳에서 가는 사람과 오는 사람을 그저 지켜만 봐도 삶이 날 살게 한다고, 수업 시간에 한 학생에게 내가 했던 말이 떠오르는 순간이었다.

영국 시인과의 컬래버레이션은 시의 소통과 시의 불통이 다 시라는 품안에서 수렴되는 일이라 시의 만만함과 시의 만만찮음을 새로이 경험하게 해준 것만으로도 내 안에 뜨거운 피돌기로 남았다. 며칠 밤을 런던의 한 호텔방에서 내 시와 영국 시인의 시를 쌀과 콩인 양 섞으면서 우리는 왜 시를 쓰는가 하는 문제로 골똘했다면 며칠 낮을 런던의 여러 거리를 걷고 또 걸으면서 우리는 왜 이러고 사는가 하는 문제로 골몰했다. 이상하지, 참 묘하지, 한국의 거리에선 사람보다는 간판이 먼저 읽히는데 영국의 거리에선 간판보다 사람이 먼저 보이다니. 물론 언어의 낯섦도 문제겠지만 나는 유행으로 규정하고 규격화시킬 수 없는 런던 사람들의 흩뿌려진 스타일에 주목했다. 한마디로 정의하자면 우후죽순, 그러했다.

 우후죽순. 말마따나 비가 온 뒤에 여기저기 돋아나는 죽순. 그 싱싱함과 그 생명력은 사실 건강함 그 자체가 아닌가. 여름 초입인데 탱크톱에 모피를 두르고 운동화를 신어도 누구의 시선 하나 쏠리지 않는 분위기. 그중 단연 압권은 청바지에 있었다. 거리 곳곳을 누비는 청바지의 스타일이라는 게 무지하게 다양해서 나는 그들 청바지들의 개성들을 휴대폰으로 찍어 모아 보기에도 바빴다. 누가 볼 게 뭐람, 누가 뭐라 할 게 뭐람, 내가 입으면 그만이고 내가 소화하면 그만인 걸.

 당당하게 거리를 누비는 런던 사람들을 보면서 그간 유행 따라 청바지를 사고 유행지나 청바지를 처박던 내 눈치 봄이 상기되어 일순 우울해졌다. 옷으로 그득한 옷장 앞에서 매번 옷 없다 왜 투정이었을까. 어쩌면 내게 진짜 없던 건 옷이 아니라 자신감이 아니었나, 그 숨겼던 속내를 일순 들키는 심정이었다. 안 입는 청바지 꺼내 입어라. 너 보기에 역겨워도 나 보기에 좋으면 그게 참인 것이다. 영국 잘 다녀왔냐는 한 학생의 안부에 밑도 끝도 없이 이런 문자를 보냈던 나다.

2018년

내가 행복했던 곳으로 가주세요
―택시 오라AURA 1

　부르면 오는 것, 부른다고 와주는 것, 그 정의로부터 내게 가장 먼 것은 아마 '사랑'일 듯하고 가장 가까운 것은 분명 '택시'일 듯하다. 부르면 서는 택시, 부른다고 서주는 택시. 전화로 택시를 부르는 시스템이 정착되기 전부터 나는 그게 참 신기하였더랬다. 그 놀라운 택시를 하루가 멀다 하고 타는 게 나다. 여유가 있어서가 아니라 운전면허증이 없어서다. 운전면허증이 없어서만이 아니라 파주에 살아서다. 파주에 살아서만이 아니라 원하는 어디든 갈 수 있어서다. 원하는 어디든 갈 수 있어서만이 아니라 결국엔 원하는 파주로 올 수 있어서다. 그러니까 집 나갔던 나를 집에 데려다주는 택시.

　1998년, 그러니까 이십 년 전 내가 처음 직장생활을 시작했을 때 어쩌다 지각을 하거나 어쩔 수 없이 막차를 놓쳤을 때 그때야 고민 끝에 망설임 끝에 쭈뼛거리며 올라타던 것이 택시였다. 버스도 있고 지하철도 있고 두 다리도 있는데 무슨 택시씩이나. 어려서부터 알뜰살뜰 엄마의 가계부 지침을 너무 꼼꼼하게 읽어왔던 탓일 게다. 이후로 나는 가정교육에 있어 가장 큰 핵심을 '방목'에 두게 되었다. 그후로 나는 택시 없으면 못 살아 정말 못 살아 다른 탈 거리 눈앞에 두고도 오로지 택시만 타는 딸이 되었다.

시원하고 편해서도 탄다, 택시. 그러나 택시는 내게 필시 작은 학교다. 내가 정말 알아야 할 모든 것을 유치원에서 배웠다고 한 책도 있지만 내가 정말 알아야 할 모든 것을 나는 택시에서 여전히 배우고 있다. 어른이 되었다 싶지만 배울 것투성이인 세상사에서 어른에게 어른의 '살이'를 길 위에 있음 그 현재로, 오고 가듯이 타고 내리다 결국 바퀴나 나나 멈춘다는 사실을 알고도 달리고 있음, 그 현재로 가르쳐주는 택시.

휴대폰을 놓고 내려 영영 못 찾게도 하는 게 택시다. 휴대폰을 놓고 내려 바로 찾게도 하는 게 택시다. 정치 얘기를 시작해서 말싸움을 하다 중간에서 내리게도 하는 게 택시다. 정치 얘기를 시작해서 말싸움 끝에 내 논리가 우격다짐인가 한번 정리하게도 해주는 게 택시다. 생방송을 하러 가는 길에 차가 막혀 주차장이 된 도로 위에서 내 늦음을 믿지 않을까봐 통화로 기사님을 라디오에 출연하게도 만들었던 게 택시다. 내내 한 곡의 군가를 한시간이나 반복해서 들어야 하는 상황에 짜증나기보다 사연이 궁금해서 여쭸다가 기사님 베트남전 참전 얘기를 오지게 듣게도 만들었던 게 택시다. 그러고 보면 애도 낳을 수 있는 곳이 택시다. 그러고 보면 애도 죽을 수 있는 곳이 택시다.

 그 택시, 어느 순간 나로 하여금 시 쓸 거리들을 잔뜩 깔고 앉게 해준 나의 의자, 택시. 택시 안에서 내가 시와 함께 달릴 수 있는 건 대화는 할지언정 내가 보는 게 기사님의 뒷모습뿐이기 때문일 거다. 앞만 보며 달려간다는 일이 실은 누군가의 뒤만 보며 살아가는 일이라는 거, 그 단순하지만 소소한 '봄'과 '보임'으로 삶의 비애와 같은 쓸쓸함을 한번 더 껴입어볼 수 있기 때문일 거다. 이 미친 무더위에 그래서 아주 잠시 서늘한 살결이 되어본다면 뭐 굳이 손해일 일은 아니지 않겠는가.

 실은 택시로의 꿈이 있다. 현 위치는 우리집으로, 도착지는 함경남도 영흥을 찍어보는 일. 돌아가신 외할머니가 평생 그리워하던 고향. 소련도 가고 달나라도 가니까 북한쯤이야 콜하면 콜하여 택시로 가게 될 날 곧이 아니려나. 내가 행복했던 곳으로 가주세요. 박지웅 시인의 시 전문이다. 제목이 택시다.

택시는 울기 좋은 방이다
―택시 오라 2

 다른 영수증은 그냥 버려주세요, 해도 택시에서 내릴 때만은 꼭 영수증 저 주세요, 하는 게 나다. 첫 방문이지만 문패와 번지수가 정확한 집에 찾아가 확실히 내 용건만 간단히 하고 나온 듯한 심플한 그 느낌. 가계부랍시고 장부를 하나 사서 나날이 그 노트에다 택시 영수증을 붙여나가는 이유는 내가 길 위에 있던 그 시간만큼은 내가 살아 있다는 증명이 되기도 해서다.

 내가 차에 오른 시간과 내가 차에서 내린 시간 사이의 철저한 살아 있음, 그 생. 그만큼의 시간을 온당한 요금으로 치렀으므로 필시 그만큼은 온전한 내 것이 되는 그 생의 정정당당함. 그 시간 동안 우리는 앞으로 달려나가는 듯하지만, 그와 같은 속도전에서 뒤로 더 뒤로 천천히 거꾸로 달리는 택시를 탄 것만 같은 경험도 하게 될 때가 있다. 예컨대 뒷좌석에 앉은 채로 소리 죽여 울고 있는 나를 발견하는 순간, 멈추지 않는 통곡으로 허리를 못 펴고 있는 나를 가만 지켜봐야 하는 순간이 그것이기도 하리라.

참 이상하지 않은가. 나를 모르는 사람 앞에서 내 울음이 더 자연스럽게 터져나온다는 사실이 말이다. 그때의 그 울음이 더한 극한의 맑음을 자랑한다는 연유가 말이다. 내 울음의 발산지가 내 방, 내 사무실, 내 단골 술집이 아니라 택시 뒷좌석이라는 아이러니, 이는 기사와 승객 사이라는 객관적 거리 안에서 우리의 본성이 더욱 자연스럽게 자유롭게 터져나올 수 있어서가 아닐까.

단짝 친구가 제 의지로 세상을 등졌을 때, 그 소식을 외국에서 들었을 때, 한국에 오자마자 발을 동동 구르다 할 수 있는 일이 콜택시 회사에 정동진까지 가나요? 묻는 일이었을 때, 가는 내내 나는 소리 죽여 울고 기사님은 간간 창문을 내렸다가 올리는 일 말고는 내게 아무런 관심을 보이지 않는 친절을 베풀었을 때, 숙소 앞에 날 내려주며 울고 싶으면 우소, 그런데 시간이란 게 아주 금방 갑디다요, 무심히 말을 던졌을 때, 그리고 바라본 바다 앞에서 밀려갔다 밀려오는 파도의 세기를 눈물 그친 눈으로 아주 덤덤히 바라볼 수 있었음은 과연 어디서 나온 삶의 의지라 할 수 있을까.

택시 안에서 말다툼도 안 했는데 남자친구가 느닷없이 저 앞 사거리 횡단보도 앞에 차 좀 세우라 했을 때, 그리고는 횡하니 내리면서 차 문이 부서져라 쾅 닫았을 때, 영문 모르는 기사님과 마찬가지로 영문 모르는 나 사이의 어색한 침묵을 뚫고 목적지였던 강남역이 아니라 내가 사는 집이 어디냐고 기사님이 물었을 때, 결국 인천까지 가는 택시 안에서 대성통곡을 하면서도 부끄러움이나 눈치로부터 나 몰라라 해도 됐을 때, 그리고 도착한 집 앞에서 나는 기사님이 주는 휴지로 코를 횡횡 풀고 제과점에 들어가 팥빙수를 시켜 먹으며 젖은 얼굴을 말릴 수 있었음은 과연 누구로부터 나온 삶의 센스라 할 수 있을까.

눈물이 나면 나는 운다. 그 울음의 편안한 방이 되어주는 택시 안에서 나는 자주 울곤 한다. 물론 그전에 어딘가 불편할 것 같으면 아무것도 묻지 말아주십사, 도착할 때까지 뒤도 보지 말아주십사, 부탁하는 걸 잊지 않는다. 웬만하면 그렇게들 행해주신다. 내릴 때 고마우면 또 금방 타고 싶어지는 게 택시다. 그래서 8월에만도 부산에서 파주까지, 전주에서 파주까지, 경주에서 파주까지, 세번이나 콜택시 회사에 전화를 걸어 얼마면 가시겠냐고들 물어봤는지 모르겠다. 지극히 슬픈 일들이 딱 그만큼이라는 얘기도 되리라. 파주에서 서울로 가는 택시 안에서 아베 야로의 『야마모토 귀 파주는 가게』를 보다 이렇게 쓰게 되었다.

택시는 영단어 외우기 좋은 의자다
―택시 오라 3

  얼마 전 미국의 한 출판사의 에디터이자 시인이 파주출판단지를 찾았다. 뉴욕에 거주중이라는 그와 통역을 사이에 두고 얘기를 나누는데 그가 조심스레 물었다. 왜 너의 시에는 무시무시한 택시 기사님이 자주 등장하느냐고, 한국의 택시가 그만큼 위험한 거냐고, 뉴욕에 비해 택시는 깨끗하고 기사님들은 친절하던데 혹시 지어낸 이야기냐고.

  영어로 번역된 몇 편 안 되는 내 시 가운데 택시에서의 일화를 담은 것을 기억하는 모양이었다. 왜는 무슨 왜, 제발 그러지 좀 마시라고 쓴 거지, 그러는 너희 나라 택시는 늘 유쾌 상쾌 통쾌만 한 것이냐, 괜히 제 발 저린 기분에 농담처럼 반문을 하는데 그가 말했다. 각기 다른 나라에서 온 이민자들이 주로 택시를 몰다보니 그들의 살아온 얘기를 자주 듣게 된다고, 그러다 보니 택시를 타면 세계 여러 나라를 여행하는 기분이 든다고, 그만큼 다양한 문화에 대한 이해도가 커진다고. 순간 움찔했다. 나는 한국에서 한국 사람이 아닌 이가 모는 택시는 단 한번도 타본 적이 없구나.

그래서일까. 어떤 택시든 타고 나면 어제의 뉴스든 오늘의 이슈든 우리들이 한국 사회의 모든 걸 공유하고 있다는 가정하에 쓱 하고 말이 건너올 때가 있다. 일주일 전쯤이었을 거다. 서울역 부근에서 택시를 잡아 합정역 메세나폴리스요, 하는데 기사님이 아이고 아주 섹시하신 아가씨가 타셨네, 오늘 일진 아주 좋겠네, 하는 거였다. 네? 뭐라고요? 이미 올라탄 택시가 도로 안쪽을 파고들었으니 내릴 수도 없고 치미는 짜증은 어쩌지 못하겠고 해서 일단 한마디 쏘아붙이고 말았다. 아저씨 그런 말씀 그렇게 막 하시는 거 아니에요, 네? 기분 나쁘거든요. 나참, 진짜 기분 나쁩니까? 이게 마 예전에는 다 칭찬이었다 아닙니까, 세상이 하도 마 각박해져서 뭔 말도 못하게 무서워라……

살짝 내린 창문 너머로 바람이 살살 밀려들어오는 가운데 기사님의 일방적인 독백이 시작됐다. 그러니까 안희정만 개새끼라고 하면 안 되는 겁니다, 갸 혼자 박수쳤습니까, 한쪽 갖고 소리가 납니까? 싫으면 싫다고 안 하면 될 것을 여자들이요, 이중적인 게 밤에 택시 몰다보면요, 나 꼬시는 승객들 참 많아요, 일단 앞에 타잖습니까, 그럼 술에 취해서 오징어 쩐 내 풀풀 풍기면서 아저씨는 무슨 손이 이렇게 두툼해요, 하고 확 잡아요, 자자고 조르는 여자도 많아요, 나 몸 좋다고 막 꼬집는다니까요, 내가 좀 하긴 하거든요, 와이프도 사족을 못 쓰죠, 나한테는. 그러니까 아가씨 내 말은.

저 아가씨 아니거든요, 그리고 전 안희정만 개새끼 같거든요, 됐죠? 어머 이런, 아까 인터뷰하고 나오면서 녹음기를 안 껐네. 이게 대체 몇 시간째 녹음중인 거람. 아저씨 저기 메세나폴리스 뒤쪽으로 돌면 홍익지구대 있거든요, 거기 세워주세요. 장윤정 버전의 〈남자는 여자를 귀찮게 해〉가 숨죽여 흘러나오는 가운데 목적지 근방에 다다르자 기사님이 속력을 느릿느릿 줄였다. 아니 내가 뭘 어쨌다고 경찰서엘 갑니까. 뭐 켕기는 거라도 있으신가보네, 그 앞에서 제가 내린다고요. 슬프게도 내가 할 수 있는 분노의 표출은 차 문을 부서져라 처닫는 것뿐이었다. 왜냐? 힘이 세다고 했으니까, 때리면 맞을 수밖에 없으니까.

비단 이런 공포는 승객만의 몫이랴. 기사님도 승객이 타고 내릴 때마다 긴장으로 목뼈가 곤두서겠지. 언어가 통한다는 것과 대화가 통한다는 것은 역시나 다른 일임을…… 어쨌거나 뉴욕 가면 매일같이 택시 타보기를 버킷리스트에 추가했다. 참 영어 단어는 특히 택시 안에서 잘 외워지더라고 팁을 준 언니가 누구더라.

택시는 공감의 대화창이기도 하다
―택시 오라 4

이 년 전 관광버스 한 대를 거의 채울 만한 수의 사람들과 며칠 교토를 다녀온 적이 있다. 정지용과 윤동주가 다녔다는 도시샤대학에서의 여러 행사에 참여하게 된 참이었는데 나로서는 처음 방문하게 된 교토이기도 했다. 주최 측의 책임을 띤 선배가 버스에서 내리기 전 마이크를 잡고 말했다. "내일 아침 여덟시 사십분까지는 반드시 이 버스에 모두 올라주셔야 합니다. 도시샤대학 교수님들과 학생들과 한 약속입니다. 필히요."

홀짝홀짝 술을 마시며 밤을 보내다 눈을 번쩍 떴는데 시계가 여덟시 삼십이분을 가리키고 있었다. 소변을 보는 사이 일 분이 흘렀다. 변기에 물을 내리는데 그 어떤 망설임도 없이 선배에게 전화를 거는 내가 있었다. "나 택시 한 대만 불러줘요. 그

거 타고 곧장 따라갈게요."

 얼마나 기다리면 되겠느냐, 숙소에서 학교까지 끝에서 끝인데 요금 생각은 안 하냐. 선배의 걱정 어린 말을 뒤로한 채 아홉시 정각에 호텔 로비로 내려갔다. 오십대 중반쯤 되셨을까 싶은 연배의 풍채 좋은 기사님이 나를 보자마자 꾸벅 인사를 하셨다. 덩달아 나도 꾸벅 인사를 하게 되는 상황 속에 번역기를 켰고 더듬더듬 그렇게 우리 둘의 대화는 시작됐다.

 워낙에 한국을 좋아해 88년에 올림픽을 보러 서울에 간 적도 있다는 기사님은 한국말을 제법 구사하실 줄 알았다. 교토에 처음 와봤다는 나의 말에 뒤를 잠시 돌아보시더니 뭔가 결심이라도 한 듯 속도를 냈다 줄였다 하면서 멀리 솟아 있는 산 이름이며 창밖을 스쳐가는 건물의 역사며 달리고 있는 도로의 막힘이며 이것저것 설명하기 바쁘셨다. 번역기로 모자라 노트를 꺼내 단어들을 메모하며 기사님의 말을 어렵사리 좇는데 얼마쯤 지났을까, 갑자기 샛길로 들어간 차가 작은 가게 앞에 우뚝 서는 것이었다.

 "교토 토박이들은 좀 알고 관광객들은 잘 모르는 우나기 집입니다. 슬플 때 저는 이 가게에 들릅니다. 위로가 되는 맛이거든요." 나는 창문을 열고 가게의 외관과 간판을 사진으로 찍었다. 왜 가던 길을 멈추고 멋대로 도는가 하는 짜증은 전혀 일지 않았다. 진짜배기 교토의 맛을 느끼게 해주려는 기사님의 진심이 그의 골똘한 표정과 그의 빨라진 말에서 증명이 되고 있었으니 말이다.

"가끔 꽃 들고 도시샤대학에 갑니다. 윤동주 시비에는 늘 꽃이 있습니다. 정지용 시비에는 늘 꽃이 있지는 않습니다. 슬플 때 저는 윤동주 시인의 시를 읽습니다. 나보다 더 슬픈 사람이 있구나, 안도하게 되거든요." 일본인 택시 기사의 입에서 듣게 되는 윤동주와 정지용의 이름이라니, 반가움에 나는 촐랑대며 이렇게 되묻고 말았다. "기사님은 슬픈 감정에 되게 솔직하신가봐요." 저 앞으로 도시샤대학의 정문이 보이는 가운데 기사님이 나지막이 답했다. "사랑하는 아내가 한 달 반 전에 세상을 떠났습니다. 그래서 저는 싱글파파입니다. 저는 아직도 매일매일이 너무 슬픕니다."

아, 하는 탄식 말고는 가방 속에 넣어온 민음사판 윤동주와 정지용의 시집밖에 떠오르는 게 없어 "윤동주, 윤동주, 프레젠토, 프레젠토" 하며 기사님에게 윤동주의 시집을 건넸다. 기사님은 한껏 손사래를 치더니 기쁘게 받아주셨다. 그나저나 정지용의 시집도 함께 선물할걸. 그때 나는 대관절 무슨 눈치 속에 아꼈던 것일까. 얼마 전 서가를 정리하다 정지용의 시집에 꽂혀 있는 택시 요금 영수증을 발견했다. 바래고 바래 금액의 숫자가 희미해져버린 것에 새삼 안도를 하며 저녁으로 장어를 먹으러 갔다. 파주 장어도 먹으면 위로가 되는 맛이니까.

택시에선 기적을 만나기도 한다
―택시 오라 5

몇 년 전 어느 토요일 밀린 업무를 처리하러 당시 살던 일산에서 회사가 있던 파주까지 가려는데 아무리 불러도 택시가 오지 않는 것이었다. 폭설의 잔설이 여전하던 12월의 어느 하루였을 것이다. 급한 마음에 아파트 정문에 나가 한참을 서 있었다. 삼십 분쯤 곱아드는 손과 오그라드는 발로 전전긍긍 서 있다가 이내 마음을 접고 회사와는 반대 방향으로 걸음을 내걷기 시작했다.

그렇게 십오 분쯤 걸었을까. 단골 카페에 들어서니 잘 알고 지내던 소설가 선생이 젊은 남녀 둘과 커피를 마시고 계셨다. 일행들이 자리를 뜨자 이내 선생이 나를 부르셨다. "올 수도 있고 안 올 수도 있는 게 택시다. 오면 고마워하고 안 와도 원망을 마라." "아이 참 오실 땐 단골손님 안 오실 땐 남도 아니고 택시가 무슨 애인이나 되려나요." 난 평소 좋아하던 가수 조미미의 노래 〈단골손님〉에 빗대 말했다. "딱 그거네. 잘 아는구나, 너. 어쨌거나 운전면허증 없는 너를 네가 원하는 곳으로 데려다주는 바퀴야말로 기적이 아니냐. 난 평생 그 기적에 감사하며 택시를 타왔다. 삶에 있어 그 기적을 자주 발견하면 생이 풍요로워진다. 나 먼저 간다." "네?" "안산 단골 중국집 자장면이 먹고 싶어 택시 불렀다."

순간 일산에서 안산까지의 거리 사이에 바로 놓이는 자장면 한 그릇. 그날 이후 나는 맛에 대한 '호기심'이라는 단어보다 그 맛을 찾아가는 일의 '기적'이라는 단어에 더 쏠려왔던 듯싶다. '당연함'이라는 단어에 안대를 씌우고 둘러보니 글쎄, 세상사 기적 아닌 일이 없었다. 무사고 운전으로 여든여덟이 되셨다는 할아버지 택시 기사님을 만나 살아오신 얘기를 들은 것도 기적, 계명대에서 동대구역까지 가는 길에 올라탔던 택시 안에 놓고 내린 휴대폰을 기사님이 뽁뽁이에 꼭꼭 싸서 우체국 택배로 파주까지 부쳐주신 일도 기적, 술에 취해 오른 택시 안에서 구토가 계속되는 가운데 편의점에 들러 검은 비닐봉지 일곱 개와 물티슈를 사서 뒤에 앉은 내게 넘겨주던 기사님의 손이야말로 진짜 크리스마스이브의 기적.

꽃이 피었다 지는 일처럼, 연두이던 나뭇잎이 갈색이 되는 일처럼, 아침에 밤이 오고 밤에 아침이 오는 일처럼, 기적은 기적이라 말하고 기적이라 부르는 즉시 기적이 되어버리는구나. 그러고 보면 세상에 기적 아닌 일이 없구나. 기적의 축적은 기적의 기쁨으로 날 풍요롭게 하겠구나.

며칠 전 파주에서 연희동을 가는데 한참을 졸다 깨보니 허거덕, 요금에 글쎄 0이라는 숫자가 박혀 있는 것이었다. "기사님 지금 금액이 0인데요." 생각보다 흔히 있는 경험인데다 그간 기사님과 빚곤 했던 요금의 언쟁이 떠올라 내 양미간은 이미 찌푸려져 있는 상태였다. "어머 내가 간만에 장거리 뛴다고 흥분했나보네요. 알아서 주시는 대로 받을게요." 내게 가장 어렵고도 무시무시한 말 가운데 하나인 '알아서'. 내게 온전히 책임을 지우는 말 가운데 하나인 '알아서'. 나는 카카오택시의 탑승 이력을 뒤지기 시작했다. "기사님, 몇월 며칠 몇시에 얼마 나왔고 몇월 며칠엔 얼마 나왔는데요." 나는 11월 한달 동안 기록된 네 번의 이력과 금액을 불러드렸다. "안 누른 건 제 실수니까요, 제 책임이라니까요, 손님." 기사님의 껄껄 웃음에 나는 도합 네 번의 요금을 더하고 4로 나누었다. "평균 삼만칠십 원쯤 나오는데요." "삼만 원만 주세요. 칠십 원 깎아드릴게요." 이쯤 하면 휴대폰에 계산기가 깔려 있는 것도 또하나의 기적이 아닐까.

세밑 택시 기사와의 대화
—택시 오라 6

2018년의 마지막 날. 누군가는 바다에 가고 누군가는 산에 간다 했다. 일몰과 일출 보기로 제 한 해의 살아옴과 새 한 해의 살아감을 복습하고 예습하기 바쁠 하루. 나는 오늘 같은 말일이면 집에 콕 처박혀 일 년 동안 쓰고 모은 영수증 정리에 마침표를 찍곤 한다. 신용카드 문자 알림 서비스를 토대로 나는 그때그때 놓쳤던 일이랄까 마음이랄까 그 덕분에 '내 사람'을 다시 살피게도 되는데 묘하지, 고맙다는 말의 뒤늦음과 미안하다는 말의 모자람을 차분히 되새기는 데 퍽이나 유용함을 느낄 수 있으니 말이다.

영수증을 한데 담아두는 함을 뒤집어 그 한해살이 정리라는 역주행을 하다보면 고객용 택시 영수증을 모으는 데 유독 젠

손의 나를 느끼곤 한다. 다른 것들에 비해 택시 영수증이 유독 크기가 작은 까닭이기도 하다. 날짜별로 시간대별로 거래 일시나 승하차 시간이나 결제 요금에나 관심이 있던 나는 무슨 호기심이 번졌는지 운수회사 상호에 형광펜을 긋기 시작했다. 유풍상운, 홍덕기업, 화인택시, 승진통상, 동일운수, 오복운수, 은성택시, 세기상운, 상신운수, 예스택시, 하늘바람교통, 낙원교통, 안전한택시, 신창운수, 삼기통상, 조양흥진, 동고택시, 공신통운, 무진택시…… 많기도 많아라, 중략하고 개인택시 보태니까 헉헉.

그런데도 내내 인력난에 시달리는 게 택시업계의 고질병이라고 했다. 엊그제 늦은 저녁 서울역에서 파주로 오는 콜택시를 탔을 때 만난 기사님의 얘기다. 기사님은 내가 차에 오르자마자 잠시 창문을 열어 환기를 좀 한 뒤에 출발해도 되겠냐고 물으셨다. "향긋한 꽃향기는 못 피워도 꾸리꾸리한 전 내는 되도록 안 나게 하려는데 냄새처럼 어려운 게 없어요." 잠시 창을 내리자 차가운 공기가 코끝을 싸하게 스치고 지나갔다. 새삼 환기라는 단어가 환기되는 기분이었다. "요즘 택시로 불편함이 많으셨죠? 그런데 저희들도 참 어렵거든요." 파업과 분신과 카풀 등등 자칫 예민할 수 있는 단어들이 나와 기사님 사이를 오갔다. 묻지도 않았는데 택시 해서 돈 벌기가 얼마나 어려운지 오랑우탄 가슴 치듯 당신의 한탄을 쌍욕을 섞어가며 일방적으로 늘어놓는 기사님을 만날 경우 더는 물러날 데가 없는데도 좌석 뒤로 엉덩이를 점점 밀어냈다면 어느새 앞좌석을 향해 한 층 앞당겨 앉고 있던 나였다. "하루에 열 시간을 넘게 일하는데 사납금 채우기도 어려워요. 작년에 하루 십육만 원을 벌었는데 그 가운데 십삼만 원을 사납금으로 냈어요. 한 달에 이백만 원 못 가져간 날이 태반이에요." "네? 그런 사납금이 그게 말이 되는 거예요?"

사납금. 말 그대로 회사에 내는 돈. 특히 택시 운전수가 매일 수입에 상관없이 일정하게 회사에 납부해야 하는 금액. "택시회사가 사납금 그거 줄여주면 안 되는 거예요? 아니다, 맞다, 기사님들 모두 월급제로 바꾸면 승차 거부 그런 일도 안 생기지 않을까요?" 업계 사정을 전혀 모르니 내뱉을 수 있는 천진한 말이었음을 안다. 그저 웃지요, 체념에 가까운 듯한 한숨에 미소를 섞은 기사님은 목적지에 내리려는 내게 말했다. "하여튼 간에 제 말 들어주셔서 고맙습니다." "별말씀을요. 제가 잘 몰라서 미안했습니다." 고마울 게 없는데 고맙다고 하시니 미안해져서 미안하다고 할 수밖에. 고맙고 미안하다는 이 뻔한 말을 끌어내는 건 그러고 보면 서로에 대한 관심이구나. 관심은 결국 서로에 대한 깊은 공부에서 오는 이해일 터. 네네, 새해부터는 택시 공부부터 좀 해보겠습니다!

2023년

침묵은 등이다

　갑자기 개나리가 피고 불현듯 목련이 터져 이른 봄꽃 출렁대는 뉘 집 담 위를 사진 찍어 보냈더니 남쪽 사는 지인의 답장은 돌연히 피었다는 벚꽃 자랑으로 꽤나 분홍분홍했다. 매번 우리 왜 이렇게 호들갑인가 하면 소리없이 부지불식간에 당도한 봄이고 꽃에 그저 속수무책일 수밖에 없어서일 거다. 몇 월 며칠 몇 시에 당도하니 딱 기다리라는 기별. 봄이 어디 말을 앞세운 적이 있었던가, 꽃은 늘 제때 몸으로 보여오지 않았던가.

　이렇듯 침묵을 힘으로 묵묵히 제 책임을 다해내는 자연 앞에 내가 유독 경외로 두리번거리며 좇는 데가 있으니 거기, 등이다. 곡선의 안도랄까, 둥긂의 위로랄까. 위로 산등성이를 올려다보고 아래로 파도의 등줄기를 내려다볼 때 휘어서 구부러진 굽이, 그 굴곡에 시선을 두노라면 목젖까지 차올랐던 색색의 말이 삼킨 물처럼 희고 투명해지기도 하니 사람들 그렇게들 산으로 바다로 여행들 떠나는 것이겠다.

말다툼 끝에 끊어진 전화에 화를 어쩌지 못하다 뱉는 즉시 칼이 될 말을 참느라 사과 한 봉지를 칼로 다 깎은 적이 있다. 처음엔 한 알 깎아 먹는 일로 입을 다물려 했는데 모기향처럼 원을 그리며 구불구불 깎여나가는 사과 껍질이 참으로 정직하다 싶으니까 여남은 개의 사과를 다 깎지 아니할 수 없었다. 살을 다 드러낸 사과와 속을 다 들켜버린 나의 마주함. 예의 부끄러움은 이내 두려움으로 갈변했다. 예의가 아니면 말하지 말라 했거늘 평생 나는 내 말의 즉흥과 내 말의 도취로부터 어찌 나를 지키려나.

산책하는데 집 근처 작은 텃밭에 쪼그려앉아 호미질하는 할머니가 있어 한참을 보았다. 말이 아니라 몸을 쓰는 사람의 등은 알처럼 둥글구나. 할머니의 바지런한 손놀림을 따라 쉴새없이 땅을 이는 호미가 흙속 작은 돌에 부딪혀 캉캉 소리를 내는데 귀가 연신 쫑긋 솟았다. 지금껏 차마 입이 없어 말을 못한 것은 아니었구나. 자연이 감춘 비밀을 자연히 알게 되는 순간이었다.

:
나무는 참 가볍고도
무겁고도 질기구나

요 근래 몇 건의 해외 체류 일정을 취소함에 일말의 아쉬움이 남았나 하면 아니다. 여행용 트렁크 바퀴가 고장이 나 새로 하나 사야 하는 번거로움을 아주 큰일로 받아들이던 차였다. 기질상 여행을 싫어할 리 있겠는가. 현지에 도착하자마자 거기 주민인가 싶을 정도로 한 손에 가장 맛난 커피를, 또 한 손에 현지 신문을 사서 쥐기부터 하는 놀라운 적응력의 대명사가 나 아니던가.

그나저나 신문은 왜? 에이, 설마 내가 읽으려 함일까. 글자인데 그림처럼 느낌 알게 하는 신문'지紙'는 특히 여행지에서 나 같은 쇼핑 중독자에게 천군만마다. 하물며 크리스털 화채 그릇이라 한들 그 생김대로 포장을 가능케 하는 유연성은 가격 대비 으뜸이다. 신문'지'라는 나무는 가벼운 한편 어찌 이리 무거울까.

 살고 있는 집 꼭대기에 손바닥만한 옥상이 있어 거기 장미나무를 심은 지 햇수로 오 년째다. 그사이 는 재주라면 엿장사도 아니면서 가위질이라는 거, 그사이 는 시야라면 처음 올라온 1번 꽃이 아주 작은 봉오리일 때 그걸 잘라주니 다른 작은 꽃들이 고루 아름답게 피어 번지더라는 눈. 그간 톡톡히 배운 게 있다면 꽃 져 지저분한 자리를 비로 쓰는 일보다 꽃 줘 말쑥한 자리를 뒷짐지고 바라보는 게 훨씬 한갓지다는 사실.

 친구가 생일선물로 내가 키운 장미 몇 송이 달라고 했다. 이상하지, 선생님 찾아간 학부형도 아닌데 그 앞에서 설명 아닌 변명을 자꾸 늘어놓는 나였다. 약을 안 쳤더니 꽃이 오래 안 가, 비료를 안 줬더니 꽃이 크질 못해. 야 저기 산에 있는 장미가 무슨 양념을 쳐서 예쁘냐? 장미는 장미지.

 그런데 이거 독일 신문이잖아. 친구가 둘둘 말린 신문지를 둘둘 펴며 말했다. 오 년 전 뮌스터에 살던 허수경 시인의 수목장이 있던 날, 거기 나무들의 무덤 근처 화원에서 꽃집 주인이 신문지에 장미를 말던 기억. 신문지라는 나무는 가벼운 한편이리 질기기도 한 걸까.

:
국어사전에게
제법 들켜왔지요

 아주 오랜만에 만난 친구와 서로 안부를 늘어놓다가 폭우와 폭염 얘기로 대화의 물꼬를 텄는데 이내 우리 입에서 폭식 폭음 폭언 폭로 폭등 폭락 폭발 폭력 폭행처럼 '폭'으로 시작되는 단어가 앞말 잇기라도 되듯 줄기차게 불려나왔다. "어쩜 입말이 죄다 폭이냐." "지금 너나 나나 우리 삶이 저 사납디사나운 온갖 폭을 관통하고 있다는 거겠지." "근데 나 폭 들어가서 설레는 단어가 순간 왜 떠오를까?" "뭔데?" "폭설." "야, 너 연애하지?"

 서가 맨 꼭대기에 있던 까만 몸피의 두꺼운 국어사전을 까치발로 집어 내렸다. 이십여 년 전 처음 직장인이 되었을 적부터 출퇴근길 휴대 필수 품목이라 하면 이 사전이었다. 마을버스와

지하철, 시내버스와 도보를 행하는 근 다섯 시간가량의 왕복 출퇴근길에 나는 어쩌다 자리가 나야 간신히 펴볼까 말까 하는 이 사전의 무게를 그러나 언제나 업은 채였다. 청춘이라는 이름으로 차창 너머 풍경처럼 매일같이 흔들리기 일쑤였던 나이기에 사전이라는 생김의 누름돌 또한 필요했던 건 아닐까.

지하철이나 버스에 앉게 되면 요령부득의 맹목적인 사전 읽기에 돌입하곤 했다. 아무 페이지나 펼쳐서 읽어나가되 절로 손이 가는 대목은 형광펜으로 밑줄을 그어두는 식이었다. 색이 거의 다 바래긴 하였으나 그 시절 내가 줄기차게 그어나간 단어들은 어째 비속어가 주되었다. 누가 시켰겠나, 내 마음 알아서 갈 곳을 찾은 거였겠지.

하루는 출근길 지하철에서 내 엉덩이를 만지는 어떤 손이 있어 "야 이 씹새끼야 손 안 치워?" 냅다 소리를 지른 적이 있다. 일순 내 주변 어디 틈이 있다고 사람들 멀쩍이들 물러났을까 하면 그때 알았다. 사전이 가르쳐준 또하나의 공부는 용기구나. 하는 짓이 얄밉고 더러운 남자를 비속하게 이르는 말이라. 사전이 가라사대 필요시에 이 용기는 계속 내봐야겠구나.

친구가 점을 보러 가자고 연락이 왔다. 난 사전 보고 있는 중이라 답했다.

비는 선생이다

　두 해 전 이맘때 내린 비로 집 지하창고가 물에 잠긴 적이 있다. 멀리 있다 전화를 받고 달려갔을 때 나는 하나의 열쇠 구멍에 하나의 열쇠 꽂는 그 쉬운 일에도 허둥거리는 참이었다. "이리 줘보세요, 제가 딸게요." 문이 열리자 내 종아리께를 단숨에 치고 나갈 정도의 수위로 내 종아리가 휘청할 정도의 힘으로 쏟아져나오던 빗물의 함성은 나와 경비 아저씨의 탄식을 나오는 족족 삼킬 정도였다.

　"아이쿠야. 눈비만큼 세상천지 무서운 물이 또 없다니까요." 경비 아저씨가 양수기를 가지러 간 사이 내가 할 수 있는 거라곤 물에 흠뻑 젖은 창고 안 물건들을 눈으로 재확인하는 일뿐이었다. 더는 안 쓸 온갖 세간살이이야 그렇다손 치더라도 밥벌이

와 연관이니만큼 셀 수 없이 많은 책 박스가 물에 불어 여기저기 터져 주저앉기 시작하는데 이상하지, 그 광경을 가만히 보고만 있는 데서 나는 이거 공부다, 하는 확신이 들었으니 말이다.

　창고 공사를 하는 사이 내게 주어진 몫은 그럼에도 책장을 넘길 수 있는 책과 그러니까 책장을 넘길 수 없는 책을 가려내어 그 후자를 포대 자루에 담는 일이었다. 어디 사랑만이 그러할까. 젖어든다는 건 소리없이 차차 퍼져서 차차 넓어지는 일이라 몽땅 버려지게 된 수천 권의 책 앞에서 나는 내게 이런 책이 있었나 싶게 낯선 책들 앞에서는 부끄러움을, 내게 이런 책이 있었지 싶게 낯익은 책들 앞에서는 죄책감을 동시에 느껴가며 책표지 사진 찍기에 여념이 없었다. (비라는 물의 무서움은 그 투명함으로 이런 미련을 갖게 만드는 힘에도 있으리라!)

　두 해 후 지금껏 그때 버린 책의 간절함으로 안달이 난 적은 단 한 번도 없다. 다만 한 번씩 책이 있다 사라진 창고에 서게 되면 책의 쓸모에 대해 근원적인 자문을 하게 된다. 말없이 가르치는 선생이 누구냐 할 때 늘 자연을 가리키는 것이 나일진대 이번 여름은 특히 두 손 자주 하늘로 모으게 된다. 비는 그렇게 절로 선생이 된다.

:

더도 말고 덜도 말고
물음표 닮을 일이네

"무구는 잘 있습니까? 올해 몇 살이 되었습니까?" 부산에 사는 H 시인의 전화다. 시인은 지인들 가운데 항상 나보다 내 반려묘의 안부를 먼저 묻는 유일한 이이기도 하다. 그제야 손가락을 하나씩 접어가며 무구의 나이를 셈해보는 나. 더불어 자신 있게 답할 수 있는 힘도 생긴 나. 덩달아 질문의 흉내도 내보게 되는 나. "선생님도 잘 계셨지요?"

1932년생으로 아흔하나. 시인은 삼십여 년 전 뇌출혈로 쓰러져 오랜 투병을 해오시는 가운데 거동은 불편해도 시는 놓지 않으신 연유로 가끔 책을 핑계로 나와 대화의 출렁다리를 오가셨다. 시인은 연로해진 당신 말을 못 알아들을까봐 단어 하나하나를 끊어 발음하시곤 하였는데 그 말의 들림이 내 몸의 들림으로 이어지는 데는 실은 이 하나가 컸다. 앞서 힌트로 꺼냈듯 물음표 말이다.

  시인은 말끝에 문진 같은 마침표를 눌러두기보다 옷걸이 같은 물음표를 걸어두는 식의 대화법을 즐겼다. "파주가 왜 좋습니까?" "책이 지겹지 않나요?" "허수경 시인 신작은 나옵니까?" 호기심 가득한 시인의 물음에 답을 하기 위해서는 꾸깃꾸깃 엉킨 채로 처박아두었던 내 진심을 파내는 일이 우선시되어야만 했다. 나는 정말 파주가 좋을까. 내게 책은 지겨움일까, 지루함일까. 물음표가 낫이 되는 순간 망설이지 않고 바로 내뱉을 수 있는 말은 이런 사실뿐. "허수경 시인이 오 년 전에 독일에서 세상을 떠나서……" "아, 허수경 시인이 세상에 없습니까? 그랬습니까? 너무 안타깝다, 그죠."

  아무런 목적 없이 그저 사랑으로 전화를 거는 일. 물론 받아주는 이가 전적으로 수용하는 기쁨을 알 때에야 행할 수 있는 일일 텐데 어느 날 아침 불쑥 걸려온 후배의 전화. "언니 힘내라고 내가 선물 사줄까?" "고등어가 맛있지." "언니 무슨 소리야?" "생물 사준다며?" 잘 물으려거든, 잘 들으려거든, 일단 귀지부터 잘 파놓고 볼 일이겠다.

깊은 밤 어디
돌 끓는 소리 들렸으랴

 일하고 있는 출판사에서 십여 년 만에 신작 산문을 내는 작가가 있어 그 책의 판촉 일환으로 증정용 굿즈 고민을 하며 여름 끝자락을 보냈다. 코로나로 집에 콕 박힌 채 머물러야 했던 지난 몇 년 동안 의도치 않게 작가가 마주하게 된 집안 곳곳 물건에 얽힌 추억담이 주된 내용인데 묘하게도 편집하는 내내 내 집 구석구석을 둘러보는 나를 발견할 수 있었다.

 그 시절 살짝 기운 테이블 상판 좀 봐달라는 말에 인테리어 호황이라며 근 두 달이 지나서야 방문한 업자의 변명은 믿거나 말거나였으나 지금 와 되씹어보니 신빙성이 없는 것만도 않아 보였다. "술 약속 못 잡고 해외여행 못 가니까 어쩔 수 없이 내 집 들여다보는 데 시간을 쓰는 거죠. 내 집 모난 데가 보이니 이때다 하고 집들 고치는 거죠."

그러니까 시간을 쓴다는 말 말이다, 그렇게 제각각의 시차가 공존하는 굿즈 말이다, 하여 골라든 것이 돌이었다. 칠 년 전 이사하면서 내 집 옥상에 들인 돌, 그 연차만큼의 사계절을 함께 겪은 돌, 어느 하나 같은 생김 없이 죄 다른 돌, 그 돌을 누군가에게 주고자 쪼그리고 앉아 고르자니 돌과 돌 사이 어떤 새의 깃털도 골라낼 수 있었고, 어딘가에서 날아든 껌종이도 주울 수 있었고, 앞뒤가 거의 해진 십 원짜리 동전 몇 개도 집어들 수 있었다. 주울 때의 설렘을 알게 하고 버릴 때의 죄책감을 알게 하는 돌, 이 가운데 들었다 놨다 딱 하나를 고를 때 그 신중함의 뒷배는 사랑이라는 진심이라 하겠지.

빨간 대야에 모아 수십 번 헹군 돌을 곰솥에 넣고 팔팔 끓였다. 돌 끓는 소리가 묘해 한 화가에게 들려줬더니 사골 끓는 소리가 아니냐며 반문해왔다. "그래요, 돌은 또 흙의 뼈가 아니겠는지요." 끓인 돌을 식힌 뒤 찬물에 씻어 의류건조기에 털고는 헤어드라이어에 말려 물티슈로 닦기를 마지막으로 굿즈용 돌을 완성했다. 내게 돌 씻는 법을 알려준 이가 없으니 나는 그저 돌에 들인 내 시간을 믿을 수밖에.

묻기가 효도다

 더도 말고 덜도 말고 늘 가윗날만 같아라. 가만 보면 이 속담만큼 최고의 덕담이 또 어디 있을까 싶다. 맛난 음식 맘껏 먹어가며 밤낮없이 즐겁게 놀듯이 한평생을 이처럼 지내라는 말, 와 이럴 수만 있다면야 나는 당장 지갑 속 천가방에 들어 있는 여섯 개의 '걱정 인형'부터 뺄 작정이니 말이다.

 네 걱정은 내가 할 테니 너는 잠이나 자렴. 오래전부터 과테말라에서 전해져온다는 이 걱정 인형의 주술성을 흉내내어 보들보들한 토끼 인형을 하나 산 적이 있다. 쓰러져 혼자 몸 뒤집지 못하는 아가가 된 아빠에게 토끼 인형을 안겨주며 이렇게 말한 적이 있다. "걱정이 막 밀려와서 잠이 안 오면 이 토끼한테 다 말해. 그럼 얘가 그걸 물고 깡충깡충 멀리 떠날 거야."

순간 토끼처럼 눈이 동그래진 아빠가 그랬다. "너도 참, 순박한 토끼에게 왜 그런 힘든 짐을 지워주냐. 토끼는 하염없이 착하다. 쓸어주기만 해도 내가 따뜻해진다."

걱정 인형을 걱정하는 사람의 마음이라니…… 그때 병실 창문 너머 나는 크고 둥근 달을 봤다. "달에게 그 무슨 이별의 한 있으랴만 어이하여 늘 이별해 있을 때만 둥근가. 사람에겐 슬픔과 기쁨, 이별과 상봉이 있고 달에겐 흐림과 맑음, 둥그러짐과 이지러짐이 있는 법." 1037년 송나라에서 태어난 사람의 시를 1945년 한국에서 태어난 사람에게 들려줄 적에 자연히 고개 끄덕이게 되는 공감은 결국 초월이란 배움 아니려나.

침대 옆에서 소동파의 시 「수조가두水調歌頭」(조규백 역)를 읽어주는데 잠들었나 싶게 너무 조용한 것이, 숨이 멎었나 싶게 아주 고요한 것이, 덜컥 겁을 불러 화들짝 가슴께에 귀를 갖다 대는데 스르륵 감은 눈을 뜨며 아빠가 말했다. "동파육이 너무 먹고 싶다." 미식가 소동파로부터 유래한 요리라는 내 설명을 놓치지 않은 아빠 덕분에 올 추석 연휴 식탁 메뉴 하나가 정해졌다. 효도가 별거더냐. 무엇이 먹고 싶은지 물어보면 될 일.

:
다음 산은
휴대전화 놓고 가기

    이박삼일 일정으로 하루 한 지역 한 산 둘레를 걷고 있다. "초록이 지쳐 단풍 드는데"라고 누가 시로 읊지 않아도 물든다는 건, 아침저녁 빛의 스밈이나 옮음이나 번짐이라는 건, 비단 나무만의 사정은 아니리라. 그러니 가을 타느라 네 얼굴이 그렇게 붉은 거냐 쉽게들 묻지 마시라. 이 홍조는 갱년기의 대표적인 증상이니 말이다.

    올라가고 내려옴에 특별한 목적을 두고 행한 걸음이 아니니 나는 이번 산행을 등산이라 말하지 않고 산보라 발음하고 있다. '산뽀'라 할 때 절로 오므라드는 입의 뽀뽀 자세가 제법 귀여워서 나는 그 단어를 '소풍'처럼 아껴 써오고는 하였는데 무슨 호기심이 일었는지 가을 가뭄에 바싹 마른 혀처럼 납작 엎드려 있던 동학사 계곡 바위 앞에 느닷없이 내가 우뚝 멈춰 서는 것이었다. 그리고는 차례로 두 단어를 휴대전화 속 국어사전에 넣어보는 것이었다.

 '휴식을 취하거나 건강을 위해서 천천히 걷는 일'이 산보라 하고 '휴식을 취하기 위해서 야외에 나갔다 오는 일'이 소풍이라 할 때 이 둘 사이의 공통분모 '휴식'을 본능적으로 간파해버린 내 몸, 그 몸의 적확해서 더더욱 예민했을 목소리에 나는 왜 그토록 무심했는지. 엄마도 실은 그렇게 여성의 나이듦을 홀로 통과했겠지. 공부할수록 깨닫는 머리와 달리 의지할수록 포개지는 마음과 달리 솔직할수록 피해일까 하여 몸의 온갖 항변에도 죽는소리 까먹고 우는소리 잊었던 엄마. 몸의 엄살을 몰라야 엄마가 되고 몸으로 엄포를 못 놓아야 엄마가 되나.

 형형색색 저 꼴린 대로 물드는 가을 나무의 자유분방함을 뒤로한 채 등산 스틱으로 탁탁 땅을 짚어가며 산에서 내려오는 엄마들을 보았다. 다 지고 없는 꽃자리를 그들의 웃음이 채운 가운데 어디 꽃무늬로 휘감긴 알록달록한 지팡이 파는 데 없느냐던 엄마의 말이 떠올랐다. "엄마에게 휴식이란 뭘까?" "기다리는 죽음이지." 산에서 지나친 휴대전화 사용은 이래서 금물인가보다.

:
말이 아프고
또 무섭다는 말이지

 왜 이렇게 뭐가 많냔 말이지. 볼펜 말이지. 책 말이지. 찻잔 말이지. 옷 말이지. 쇼핑백 말이지. 운동화 말이지. 가만, 그러다가 배송할 물건을 건네는데 퀵서비스 기사님이 "신발을 보니까 식구가 참 많으신가봐요" 하는 말이지. 부끄러움도 모르고 이 얘기를 전했다가 "그러고 보니 언니 발은 지네네요" 엉겁결에 별명이 생겼다는 말이지. 가만, 어쩌다가 이 말이란 발이 이다지도 많은 것투성이를 쏜살같이 지나쳐 내 앞에 오게 됐는가 하면 발 달린 말의 질주가 언제나 부지불식간에 이뤄져서가 아닐까 말이지.

 얼마나 무시무시하냐면 그것은 어느 날 엄마의 검은 머리 위에 순식간에 내려앉은 흰 서리 같다는 말이지. 세월 말이지. 나

이듬 말이지. 어찌할 수 없음 말이지. 손으로 턴다 해도 물로 감긴다 해도 참빗으로 빗어낸다 해도 그 말의 바쁨은 도무지 멈춰 세울 수가 없어 제 속도를 못 이긴 어느 날 뒤집힌 물방개처럼 배를 하늘로 까고 사지를 부르르 떠는 날이 온단 말이지. 가만, 그러니까 말 말이지. 지금껏 내가 뱉고 살아온 말 말이지. 내 입에서 튀어나간 내 뱃속 내 말임에도 어느 때 여느 일 앞에 저 말은 내 말이 아니라며 빤한 거짓말로 나를 부정하는 나의 모자람 말이지. 왜 나는 앞보다 뒤일까 하면 이렇게 많은 사람 중에 내 뒤통수를 못 보는 이가 나뿐인가 하는 두려움은 또 알아 말이지. 뒤에서 할 말 같으면 앞에서 해보란 말이지.

'뒷담화'란 단어 뒤에 '하다'보다 '까다'가 어울림에 우리말은 어쩌면 이렇게 볶은 깨처럼 고소할까. 고소하다 쓰는데 일순 입이 소태맛이더란 말이지. "네가 그만 죽어버렸으면 좋겠다"는 편지 한 통에 내 말본새를 되짚던 나날 가운데 친구가 마음을 앓은 지 꽤 되었다는 얘기에 일순 마음을 놓는 내가 영 마음에 안 들었단 말이지. 그리하여 뭐가 많아서 좋은 건 색색으로 수북이 쌓여 있는 낙엽뿐임을 알았다는 말이지.

구 년 만에 택배가 왔습니다

사랑만이 그러할까. 실은 사물만 봐도 그러하다. 열렬하게 환호하다가 당연하게 만끽하다가 심드렁히 지루해하는, 우리가 '변심'을 이야기할 때 말할 수 있는 모든 것이라 하면 말이다. 이리하여 아주 자연스럽게 새해 새 목표가 정해진 건가 '뚝심'이라 쓰고 보니 웬만하면 약한 척했고 쉽게 주저앉아버렸고 자주 감당할 재간이 없다고 두 손 놓아버린 올해의 이런저런 사정 앞에 나의 면면이 선명하다. 속속들이 내 문제는 내가 가장 잘 아는데 요목조목 고칠 내 속내라면 내가 명의인 것도 맞는데 그렇지, 문제는 미루는 게 아니라 푸는 거 맞지.

엊그제 저녁 늦은 참에 친애하는 화가 선생님으로부터 사진 한 장이 날아왔다. 2014년 2월 19일 내가 한 시인에게 사인해서 보낸 산문집이 사진 속 거기 들려 있었다. "선생님 제가 소방 점검으로 소화전을 열었다가 이 책이 있는 걸 발견했어요. 택배에 적힌 주소는 이미 풍화되어 안 보이는데 선생님이 보냈던 분에게 제가 대신 보내드리고 싶어요." 자그마치 구 년 전 택배 봉투가 테이핑이 된 그대로 다음 사진 속에 따라 들어왔다. 내가 좋아하는 시인이 구 년 전 살다 이사를 나간 집에 내가 좋아하는 화가가 이 년 전 이사를 들어가 살 수는 있었겠으나 소화전을 청소하려 열어보는 손과 봉투를 전하고자 뜯어보는 다정한 호기심이 아니었다면 우리 셋을 한데 묶는 근 구 년만의 택배는 두고두고 얘깃거리가 되지 못했을 터.

모르는 사이였다가 하루아침에 아는 사이가 되어버린 시인과 화가는 용케도 86년 호랑이띠 동갑내기였다. "이 범상치 않은 인연을 누가 믿겠어요. 우편물이 이어준 사이니까 두 분 주고받는 필담으로 책 한 권 기획해보면 어떨는지." "지금 당장이요?" "이렇게 갑자기요?" 뚝심을 가능하게 하는 단단한 생각인지 고심의 여지를 재고할 틈도 없이 나는 그만 즉흥의 탬버린을 또다시 흔들어버렸다. 즉흥의 대명사인 나여, 사람 참 쉽게 안 바뀌는 거? 그건 진짜 맞지.

2024년

사실은, 이라고
말하지는 말기

 갑진년 새해가 밝았다. 해가 바뀌기 전부터 여의주를 문 푸른 용이 승천하는 듯한 이미지와 함께 '비상'이라는 단어를 미리부터 갖다 쓴 '데들' 심심찮은 듯했다. 왜? 안팎으로 나쁜 뉴스가 너무 많았던 지난해였으니까. 왜? 안팎으로 아픈 뉴스가 유독 많았던 묵은해였으니까. 그렇다면 지지난해는 달랐단 말이냐 하면 또 아니다. 지금 먹고 있는 이 마음의 가짐과 별반 다를 바 없음을 일기장을 통해 확인해보았으니 말이다. 역시나 결론은 '아무렴 그렇지 그렇고말고'다. 우리 조상들이 천재인 데는 〈한오백년〉 가사만 봐도 안다. 오늘은 어제와 다름없는 내일인 것이다.

 그럼에도 새 다이어리와 새 펜을 사겠다는 사람들로 북적이는 문구점에서 나도 덩달아 어수선하게 손을 놀리고 있자니 집었다 놨다 만졌다 취했다 설렘을 담보로 한 동작의 다양함이 이상하지, 전에 없이 애틋해 보이는 것이었다. 왜? 살아 있음을 온몸으로 증명하고 있다 싶었으니까. 켜켜이 쌓여 있는 백지라는 적을 거리 가운데 내 것, 빽빽이 꽂혀 있는 색색이라는 쓸 거리 가운데 내 것, 그 하나의 내 것을 찾기 위한 사람들의 고심을 재미로 한 표정의 골똘함이 이상하지, 전에 없이 귀해 보이는 것이었다. 왜? 살아 있는 온몸을 더 잘살 수 있는 방향으로 이끄는 태도 같았으니까.

용띠니까 각별한 한 해가 아니겠냐며 각오를 묻는 이가 몇 있었다. 올해의 목표라…… 새해마다 도화지에 써 책상 앞에 붙이곤 했던 가지가지들. 그 가짓수를 한 사십쯤은 너끈히 써대던 십대부터 그 가짓수를 한 다섯쯤으로 간신히 줄이게 된 사십대에 이르기까지 빼먹지 않고 줄기차게 항목 속에 넣어왔던 것이 있다면 그 목표 '솔직하라'였다. 우리의 말속에 '사실은……'이라는 빈번한 내뱉음, 그 진위를 가려볼 때 진실한 '척'은 아니었는지 미사여구를 가장한 습관은 아니었는지 올해는 기필코 "사실대로 말하고 사실은, 이라고 말하지는 말기"라는 목표를 실천해볼지어다.

:
발품은 몸에 새기는
공부 아닐까요

　1월 1일 새해 첫날에 산문집을 하나 펴냈다. 그리고 오늘은 1월 31일이니까 출간한 지 딱 한 달이 되는 셈이다. 애초에 필력으로 먹고살 수 있는 작가가 못 되는 연유로, 그저 책 한 권 가질 수 있음을 감사하는 작가나 되는 까닭에, 이번 책은 꽤나 멀찍이서 특유의 거리감을 두고 볼 수 있었다.

　백지를 땅으로 삼아 밥벌이를 한 것이 햇수로 이십육 년쯤 되는데, 따지고 보면 한 해도 거르지 않고 반복하여 들은 단골 레퍼토리가 "바야흐로 단군 이래 최대의 불황"이라는 말 아니었나 싶다. 스물셋 작은 잡지사 계약직일 때는 심장에서 쿵 사과 한 알 떨어지는 소리로 들었던 말, 마흔아홉 작은 출판사 대표이고 보니 심장에서 쿵…… 쿵…… 사과 스물여섯 알 떨어지는 소리로 듣게 되는 말. 어느 업계가 매년 호황이겠냐만, 어떤 사람이 매 순간 호시절이기만 하겠냐만, 내 사는 일에 국한하여 말할 수밖에 없는바 정말이지 '책'은 참 어려운 물성 같다.

내 책을 두고 스스로 '소박하고 얄팍한 읽을거리'라 칭한 데서 일단은 그 모자람을 인정한 채 1월 내내 형편이 닿는 한 크고 작은 여러 책방엘 들러보았다. 책을 쓰는 마음과 책을 만드는 마음이 책을 파는 마음과 책을 읽는 마음에 되도록 직선주로로 정직하게 들어섰으면 하는 심사에서 비롯한 발품이었다. 걸어 다니는 수고라는 '발품'은 몸에 새기는 공부가 아닌가.

정치판 뉴스만 보더라도 그 쉬운 말 '백문이 불여일견'이 가장 어려운 말이다 싶어 시인들 네 명이서 지난 주말 강릉의 한 서점을 방문했다. 우리가 좋아 우리들 책이 놓인 매대를 구경하는 일로 새해 힘이나 내어보자 하였는데, 서점 근처에서 와인숍과 케이크 가게를 운영하는 대표님 두 분이 우리들 책을 읽고 각기 어울리는 와인과 케이크를 선물로 준비한 채 우리를 기다리고 계셨다. 누가 시켰나요, 제가 좋아서 하는 일인 것을요. 상생과 연대는 그렇게 발품 가운데 있었다.

에지는 괘지다

 입춘첩을 붙였다. 설 연휴도 보냈다. 이즈음부터 기다리는 게 봄이거나 꽃이거나 사랑이거나 연애이거나 하던 시절이 내게도 있었건만 어느 순간부터 고대하는 게 이제나저제나 도착할까 싶어 현관문 계속 열고 닫게 하는 택배 상자다. 맹목적인 현실주의자가 나로구나 인정할 수 있겠다. 업무상 주고받아야 하는 상자가 돈과 돈을 부르니까. 그렇다고 낭만을 잃은 나로구나 단언할 수만도 없겠다. 상자 안에 생화 백매화 가지가 뜰락말락 눈으로 꼼지락거리고 있음을 주문하는 그 순간부터 느끼고 있었으니까.

 그렇다면 내 설렘은 종이를 박스로 둔갑시킬 줄 아는 현묘한 재주의 접착테이프, 거기 있단 말이려나. 수집하는 품목 중에 박스 테이프 제거용 커터 칼이 들어 있는 것이 참으로 당연한 얘기이러나. 무엇이 들어 있는지 대강 짐작을 하면서도 그 무엇이 그 무엇만일까 싶어 개봉 전 박스를 앞에 두고 심쿵하거나 두쿵하고는 한다. 애초에 사람의 심리라는 게 거저라는 얹어짐, 그 덤을 좋아하게 생겨먹었으니 샘플이라는 말도 당연하게 만들어졌으리라. 잡지를 구입할 때 기사보다 부록을 앞서 살피는 사람 비단 나만이 예외는 아니리라.

먹고사는 일을 크게 장사라 할 적에 어떻게 하면 되도록 '재미'가 있을까 자주 생각하는 요즘이다. 다른 달에 비해 빨간 날은 많고 까만 날은 모자란 2월이니 빈번히 계산기 아니 두드릴 수 없는 이즈음이다. 오늘은 밸런타인데이. 오늘 같은 날 남성용 선물 품목이 우리들 광고판을 장악하지 않은 건 그만큼 '선물'이 특별하지 않은 시대가 되어서일 거다. 매순간 빛의 속도로 선물하기가 가능해진 때이니만큼 오늘 내가 광속으로 주문한 건 패지다. 미농지에 패션을 박은 종이에 무엇을 적을까 하니 '편지'다. 휴지가 아닌 이상 손으로 종이에 무언가를 적을 적에 그 마음에 '기복'이 깃들지 아니할 수는 없는 터다. 내가 보낸 택배 상자를 받는 분들이시여, 박스는 탈탈 털라고 각진 네모 아니겠습니까!

:
넘어야 살고
즐겨야 난다

 연거푸 악몽을 꾼 며칠이다. 꿈처럼 저마다의 잠결 속에 제멋대로 흐르는 이야기가 또 있을까 하니 그 풀이야말로 문학이 아니려나 하니 깨고 나면 잔상 정도는 메모를 해두는 참인데, 내게 유난히 불길하고 무서운 정도라 하면 그 소재로 육상에서의 허들이나 뜀틀이나 바가 등장했을 때다. 셋의 공통점을 캐치프레이즈로 써본다면 "넘어야 산다" 정도로 요약할 수 있으려나. 아무렴, 그보다는 체육 시간에 내가 0점을 받은 세 종목이라는 간추림이 더 말은 되겠다.

 그러니까 눈에 보이는 장애물, 어찌됐든 가로막아서 거치적거리게 하는 사물들, 그걸 타넘기 위한 스피드를 기본으로 유연성이며 기민성이며 도약성을 교과서로 배우고 들어선 운동장이었음에도 나는 그 앞에 서면 멈춰버리거나 쭈뼛거리거나 주저앉아버리기 일쑤였다. 친구들이 일으킨 무수한 운동화 흙먼지로 눈앞이 뿌얘졌을 때 왜 나는 이렇게 유난일까 빨개진 눈으로 수돗가에서 세수에나 바빴다.

졸업만 해봐라 다시는 체육복을 입지 않으리라, 다짐했건만 졸업을 하고 트레이닝복 사들이기에 바빠진 것은 올림픽 명장면 가운데 육상 종목을 골라보기 시작하면서부터다. 그로부터 한참 지나 우상혁 선수가 높이뛰기 경기 가운데 특유의 희고 가지런한 이를 죄다 드러내며 환히 웃을 때 나도 따라 웃는 걸 느끼고 난 후부터다. 내가 넘어야 할 저 눈앞의 바를 걸림돌이라는 부담으로 여길 것이냐 한곗값이라는 최선으로 즐길 것이냐 예의 그 지점에 내 심장이 뛰었다. 정확한 간격으로 놓인 허들, 공평한 높이로 솟은 뜀틀, 정직한 수치로 올라가는 바, 삶에 있어 이토록 투명하면서도 건강한 거침돌을 학창 시절이 아니고서야 또 만날까.

요 며칠 왜 흉몽의 나날이었을까 하니 누군들 길몽의 하루하루였을까 반문하게 되는 2월의 끝자락이다. 주말에 들른 제주에서 부는 바람에 절로 몸을 맡길 줄 아는 월동무와 당근, 그네들의 연둣빛 머리통으로 가득한 밭에서 나는 아주 잠시 흔들리다 왔다.

봄이, 산이,
그게 다 그런 것이겠지

 오늘 날씨 어때요? 나는 아직 집인데 당신은 앞서 길 위에 있기에 만나기 전 안부보다 먼저 묻게 되는 말. 옷장과 신발장 앞에서 가만 선 채로 내 옷가지며 내 신발 뒤축을 곰곰 쳐다보고 나 있게 하는 말. 정전도 아니면서 깜깜한 눈앞을 어서 벗어나야지, 결국은 엊그제 입은 재킷과 운동화 차림으로 현관을 나서게 하는 말. 요즘 들어 유독 자주 던지게 되는 이 질문과 물음표는 아마도 작금이 봄임을 재차 알려주는 힌트 같은 것이겠지.

 실시간으로 기온을 알 수 있다 하더라도 온도라는 수치 앞에서 그 차이를 나는 얼마나 명확하게 구분할 수 있으려나. 자연이란 그런 거겠지. 음악이나 그림이나 시도 자연처럼 정답이 없으니까 지루함을 모르고 질릴 틈도 없이 계속되고 있는 거겠지. 그리하여 절대로 행할 수 없는 어떤 일 앞에서 우리는 겸허함을 배울 수 있고, 죽어도 알 수 없는 어떤 일 앞에서 우리는 예민함을 잃지 않을 수 있는 것이겠지.

그런고로 '감'이라는 나의 촉을 유난히 시험하게 되는 시기도 바로 요맘때가 아닌가 한다. 늘고 주는 탄력이 있는 나선형의 외줄, 3월이면 그 스프링에 괜스레 호기심이 일어서는 멀쩡한 볼펜에서 호환용 스프링을 빼 그 돌돌 말린 탄성의 작은 스테인리스를 공연히 당겨보는 일로 볼펜 한 자루를 망가뜨리는 데까지 가보고도 하는 것이겠지.

한때 함께 산에 올랐던 이들이 있어 그들로부터 고로쇠 수액과 얼린 주꾸미가 선물로 도착한 건 어제와 오늘의 일. 제철이라는 자연의 알람은 역시나 친구의 시계로부터구나 내 아둔함을 깨닫는 찰나 산에 열차나 케이블카가 있어야 사람들이 걸어다니지 않고 보기 때문에 자연이 오히려 보존된다는 '말씀'을 한 이가 있어 화들짝 놀란 채로 뉴스 창을 읽어내려갔다. 봄에 산으로 걸어올라가며 나는 무엇을 보고 무슨 생각을 했던가. 봄에 산을 걸어내려오며 주운 쓰레기를 집까지 가져왔다면 그 순간 내가 집어든 건 아마도 '화두' 같은 것이겠지.

통장이 없으면
콩장이라도!

  이즈음의 입맛은 누가 돋워줄까 싶어 편의점 아니고 제법 큰 마트엘 다 들렀는데 그 설렘이 무색할 정도로 흥을 잃어 가게를 나왔다. 마땅치 않은 살 거리에 사철 내내 꿈쩍 않고 자리를 지키는 조미김에 캔 참치 몇 개 들어 계산하는데 요맘때 다들 무얼 해 먹고 사나 식탁을 책임지는 이들의 난감함도 잘 모르면서 괜히 물가 운운 엄마 흉내로 나대고 섰는 나였다.

  실은 둘러만 봤을까? 가지나 좀 볶을까 하다가 다시 내려놓고, 달래나 좀 무칠까 하다가 다시 내려놓고, 바지락이나 좀 끓일까 하다가 다시 내려놓고. 견출지에 찍힌 가격 때문만은 아니었다. 이 자연의 날것이 조미의 간을 아는 접시가 될 때까지 소요될 과정 속의 어떤 '쏨'을 생각하니 일순 달아나버리는 내 손이었다. 음식을 만들 때 손으로 이루는 솜씨에서 우러나오던 맛, 내겐 엄마만의 장치였던 그 손맛이 사실은 긍정이며 열정이며 책임이며 희생임을 느닷없이 깨닫고 만 데는 어디 먼 데 있나 싶게 더디 오는 듯한 봄기운에 우울함이 겹친 탓도 있으리라.

더는 감출 것도 못 되는 우울증의 나날, 사방팔방 안부를 물으면 누구 하나 시무룩하지 않은 사람이 없으니 더욱 감춰야 할 것이 되어버린 무기력의 나날, 속사정은 따로 있으면서 괜히 봄을 핑계로 시비를 거나 싶어 검색창에 '유동근 샐러리맨' 하고 자판을 쳐넣었다. "샐러리맨은 퇴근하고 싶다. 왜? 피곤하니까!" "샐러리맨은 쉬고 싶다. 왜? 피곤하니까!" 근 삼십 년 전 이 광고를 자양강장제 마시듯 가끔 찾아보는 데는 나만 그러할까, 당신도 그러하듯 자는 동안에도 굴리지 않으면 안 될 생의 쳇바퀴가 너 나 할 것 없이 같은 모양새로 발밑에 있음을 재확인하고 싶어서였다.

털레털레 장바구니 들고 집에 도착하니 현관 앞 접어 세워놓은 손수레 위에 작은 쇼핑백이 하나 놓여 있었다. "통장이 없으니 콩장이라도" 검은 콩장이 든 반찬통 위에 붙은 메모지 속 손글씨. 그래, 밥맛은 이렇게도 손맛이었어!

청소는,
투표 마치고 할게요

청소 업체에서 할인 쿠폰이 날아든다. 날아드니까 집어든다. 눈이 가고 허리가 구부러지고 무릎이 휠 때는 그거 관심 안에 있다는 얘기겠지. 어쨌거나 본격적으로 봄이 진격했다는 얘기겠고, 그만큼 이용하는 사람이 많다는 증거겠고 하여, 나도 시류를 좀 따라본답시고 예의 집집을 둘러보는데 이거야 원. 막막한데 망망한 거였다. 그리 넓은 집도 아니면서 행여 오해를 부를까 받침 제대로 챙기자 하였는데, 둘이 글쎄 맞닿아 있던 거다. 꽉 막힌 듯 답답한 마음은 어렴풋하고 아득한 것일 수 있겠구나.

생각이 많아지면 걸으러 나가는 사람도 많다던데 나는 되려 잔뜩 웅크린 채 쌀가마 되기를 자처하는 스타일이다. 농사 끝에 매년 직접 지은 쌀을 보내주는 농부 시인이 있어 그를 통해 알게 된바, 쌀가마니는 드는 것이 아니라 끄는 것인데 그렇게 질질 끌어 내 집 현관에 들이는 짧은 순간에 나는 쌀의 일 년 살이며, 쌀가마니와 마찰하는 땅의 존재며, 먼지처럼 가볍다 할 쌀알을 이렇듯 한 짐승의 무게로 키워낸 농부의 얼굴도 떠올려 보게 되는 것이다. 진실로 직접 본다는 의미의 '목도'는 그러니까 아주 많은 시간을 필요로 하는 '소요'가 아닐진대, 왜 그렇게 미룰까 하면 마주하게 될 진실이 무서우니 자꾸만 뒷걸음질치고 싶어서가 아닐는지.

청소를 미루려는 어떤 핑곗거리나 대고 있는 나에게 눈을 흘기면서도 그래 그 마음 알지, 일견 이해를 얹는 건 그저 바라보는 것이 아니라 정신을 집중하여 똑바로 진실을 바로 보는 일이 얼마나 두려운 건지 다행히도 아는 나이는 된 듯해서다. 나는 무조건 옳습니다, 무조건 해낼 겁니다, 하면서도 한입 갖고 두 말 씹은 사람들 어디 한두 번 봤을까 말이다. 겪을수록 참 알 수가 없는 게 사람이듯, 경험할수록 참 어렵기만 한 게 선거이듯, 또다시 오늘이 왔다. 청소는 투표하고 와서 할 참이다. 그나저나 내가 안 해도 오늘 밤부터 여기저기 청소할 사람 여기저기 참 많기도 하겠구나!

2025년

모르니까 안다

 아빠가 있었는데 아빠가 없다. 지난해 12월 25일까지 아빠가 있었는데 26일부터 아빠가 없다. 2020년 6월부터 매달 병원비를 내게 하는 아빠가 있었는데 2025년 1월부터 더는 병원비를 내게 하는 아빠가 없다. 79세의 아빠가 있었는데 80세의 아빠가 없다. 아빠가 없다는 걸 나날이 알아가는 하루하루로 나는 지금 있다. 나의 있음으로 아빠의 없음을 매일매일 조금씩 확인해가는 그날그날로 나는 지금 쓴다. 하여 이즈음의 내게 쓴다는 건 어떤 의미려나.

 상갓집 신발장 앞에서 벗어든 구두를 어느 칸 어떤 자리에 놓을까 위아래로 빠르게 훑는 순간, 손에 들린 신이 전과는 다른 무게로 그 좁은 폭으로 일평생 나를 업어온 게 아닌가 깨닫는 순간, 우리들의 예 있고 없음은 예의 신 하나에 가늠이 되고 가름이 되는구나 눈뜨는 순간, 하여 이즈음의 내게 쓴다는 건 '몸'이 아니려나. 우리집 신발장 앞에서 운동화 고르는 일에 더 없이 신중해지는 가운데 산책 사이사이 자꾸만 풀어지는 운동화 끈을 쪼그려앉아 묶기를 반복하는 가운데 나는 신으로 땅을 쓰는 일로 말미암아 쓰기란 결국 걷기 아니려나 얼핏 느껴버린 듯도 하다.

걸으니까 영하 14도에 얼어붙은 눈의 딱딱함을 내 발바닥이 안다. 걸으니까 태권도장 학원 버스에서 내리는 한 아이의 패딩점퍼 버튼 사이 삐쭉 삐져나온 허리띠의 색을 내 눈이 안다. 걸으니까 횟집에서 낮술 자시고 나와 멱살잡이하나 싶더니 이내 어깨동무하고 걸어가시던 두 어르신의 정치색을 내 귀가 안다. 걸으니까 까치 우는 소리에 하늘을 올려다보다 구름이 그 위에 얼마나 얇게 발라져 있는 크림치즈인지 내 허리가 안다. 걸으니까 기사식당 문틈으로 연기와 함께 비어져나오는 뽀얀 밥냄새와 울퉁불퉁 찌그러진 양은냄비에 넘칠 듯 담긴 부대찌개의 손맛을 내 코가 안다. 걸으니까 침대 밖으로 단 한 발 내딛는 게 소원이라더니 끝내 아빠의 유언이 되고 만 아빠의 일기를 내 마음이 아는 것이다.

다들 어떻게 을사년 푸른 뱀의 해를 시작하셨는지 모르겠다. 날름날름 뱀이 삼킨 것도 아닌데 나의 1월은 어디로 갔나 모르겠다. 누구처럼 남 탓은 안 하고자 내 탓이오, 내 탓이오, 내 큰 탓이로소이다, 일단은 내 가슴을 치는 난데 그것이 맞는지도 모르겠다. 여길 틀어도 저길 틀어도 혀들 쉴새없이 놀리느라 바쁘신 분들, 모르긴 몰라도 히터 빵빵 나오는 차에서 얼마나 자주 내려보실까 모르겠다. 당신들 신이 얼마나 깨끗한지 모르겠다. 당신들 만보기가 하루 얼마의 수치를 기록하는지 모르겠다. 다만 걸으니까 신이 닳는다는 거, 걸으니까 새 신을 사려고 기웃거리게도 된다는 거, 걸으니까 신발가게를 찾아 길에서 두리번거리게도 된다는 거, 걸으니까 사방팔방 신발가게가 몇이나 되는지 셈하게도 된다는 것, 걸으니까 신을 신은 개와 산책하는 사람의 신도 자세히 보게 된다는 것, 그러니까 신에 대한 관심이 참도 깊어진다는 것! 귀신은 그리기 쉬우나 개는 그리기 어렵다고 한 한비자의 말을 왜 올해의 화두로 삼았는지 그건 모르겠다고 안 하겠다.

:
친구의 편지가 든
항아리를 닦다가

　상대편에게 전하고 싶은 안부, 소식, 용무 따위를 적어 보내는 그 글, 편지다. 어떤 사람이 편안하게 잘 지내는지 그렇지 않은지 생각이 간절할 때 앞뒤 가늠도 없이 일단 쓸 데를 찾고 줄 것을 훑는 그 마음, 사랑이다. 학교 앞 문구점에서 입술 뜯어가며 주머니 사정 살펴가며 집었다 놨다 고르던 편지지에는 유독 제철 꽃을 문양으로 한 것이 많았다. 쓰는 이가 절기의 흐름을 딱 꼬집어 티를 내주니까 읽는 이가 창도 열어보게 되고 얼굴을 스치는 바람에 씰룩거리는 코를 가지게도 되고 나뭇가지를 물어나르는 새도 보게 되고 나물무침도 이름을 묻고 집어 씹게 되는 그 힘, 친구다. 그리고 바야흐로 지금은 신학기다.

　소셜미디어는커녕 인터넷도 없던 시절, 손전화는커녕 삐삐도 없던 시절, 딱히 전할 목적도 응당 받을 이유도 없이 수업 끝나는 종이 울리기 무섭게 네 교실 앞으로 달려가 교복 주머니에서 꺼낸 그것을 주고 났을 적의 설렘과 들뜸과 떨림. 누가 시킨 것도 아닌데 열네 살 먹은 나는 구구절절 왜 그렇게 내가 어떤 사람인지를 네게 설명하느라 바빴을까.

엊그제 조카가 중학생이 되었다. 입학식 전날 밤늦게까지 잠 못 이루고 제 엄마와 말다툼 끝에 울며불며 집 밖을 배회하고 들어왔다는 말에 나는 무조건 아이 편이다, 너는 나쁜 어미다 하고 동생과 각을 세웠다. 누구나 중학생이 된다지만 나에게 중학생은 처음 아니겠냐, 어제까지는 초등학생이었는데 오늘부터 중학생이라는 거, 그건 정말 특별한 경험 아니겠냐. 돌이켜 열네 살 나는 그때 너무 무서워서 딱 죽고 싶은 심정이었는데 애도 그 심사 아니겠냐.

극성맞은 큰이모로 분한 내가 날개 펼친 공작새 같은 꽃다발을 들고 입학식장을 찾았더니 웬걸, 조카 옆에 비슷한 체구의 선한 눈매의 한 아이가 이미 곁이 되어 있었다. 아니 쟤들 오늘 아침 처음 만난 사이 아냐? 근데 뭐가 그렇게 즐거울까. 세상 무슨 할말이 저렇게 많을까. 서로 눈을 맞추느라 얼굴을 마주한 채 웃고 떠드는 아이 둘을 간신히 정면으로 세워놓고 사진 몇 장을 찍어대는데 머잖아 저 둘은 어깨동무를 하겠구나, 서로 어깨에 팔을 얹어 끼고는 나란히 걸어가겠구나, 우리가 없어도 저 아이들은 있겠구나 싶으니까 졸졸 뒤따르는 어른들의 걸음이 절로 느려지는 것이었다.

 한눈에 알아보았구나. 저건 억지로 지어낼 수 없는 시와 같은 것이겠구나. 해석할 필요도 따져 묻는 일의 소용도 없는 투명한 관계겠구나. 그래서 자연스럽구나. 그래서 환하구나. 그래서 가볍구나. 일단은 저 둘을 동무라 불러보았다. 마음이 서로 통하여 가깝게 사귀는 사람. 어떤 일을 하는 데 서로 짝이 되거나 함께하는 사람. 친구보다 동무에 기대고 싶은 건 '친'이라는 단어에서 '구'라는 단어까지 그 거리가 얼마나 먼지 먼저 알아버린 탓이겠다. '오래도록' 친하게 사귀어온 사람, 삼십육 년 전 너와 나는 어떻게 친구가 되었던가. 나는 그 관계에 있어 얼마나 충실히 내 본분을 다해왔던가. 청소하기 좋은 계절, 지금은 편지 쓰기 좋은 봄이다.

2025년 우리들의 봄은
이렇게 '있었다'

　해가 뜨고 있었다. 고양이가 물을 핥고 있었다. 열린 창문으로 바람이 얼굴을 들이밀고 있었다. 창가에 놓인 화분에서 천리향 가지가 가볍게 흔들리고 있었다. 허공에 곡선을 그리는 식물의 움직임이 있었다. 소리는 없었고 침묵은 있었다. 전원 버튼이 눌리지 않은 세탁기의 고요함이 있었다. 전원 버튼이 눌린 냉장고에선 문을 열어야만 들리는 최선의 숨소리가 나고 있었다. 전원이 켜진 텔레비전의 시끄러움이 있었다. 뉴스 채널마다 화면 너머 사람들이 있었다. 서 있기도 했고 앉아 있기도 했고 홀로이기도 했고 무리를 짓기도 했는데 서로 마주한 채 대화랍시고, 두루 둘러앉아 토론이랍시고 상대를 앞에 두고도 독백과 같은 우격다짐을 하고 있었다. 어제까지는 진실이라더니 오늘은 아니라는 거짓말이 있었다. 사과하는 사람은 없었고 발뺌하는 사람은 있었다. 믿음은 없었고 그렇게 불신은 있었다.

 해가 지고 있었다. 축구 경기가 시작됐고 둥글둥글 축구공이 굴러다녔고 생중계였고 경기장 관중석을 가득 메운 사람들이 있었고 한국 대 팔레스타인도 한국 대 오만도 1대 1, 승부는 분명했고 승복하는 선수들의 당연함이 있었다. 말의 쓸모없음이 있었다. 몸의 쓸모 있음이 있었다. 땀의 정직함이 있었다. 땀의 숭고함은 산불을 좇는 산불진화대원들과 소방 헬기 조종사들에게 있었다. 땀의 존엄함은 모두가 뛰쳐나오기 급급한 불구덩이 속으로 앞다투어 뛰어들기 바쁜 소방관들에게 있었다. 불은 제가 불인 것에 충실했을 뿐, 애초에 그 불에 눈뜨게 한 것은 사람인지라 불의 성실함을 두고 원망을 품기보다 등이 새까만 산등성이 앞에 절로 드는 무력감과 죄책감이 우리에게 있었다. 밤이라서 잠을 불러와야 하는 우리를 대신해 밤이라서 잠을 쫓아내야 하는 사람들이 있었다. 산불의 위기를 앞서 경고한 사람들이 있었고 산불의 위험을 애써 무시한 사람들이 있었다. 비 소식을 전한 일기예보가 있었고 맞지 않는 강수량이 있었다. 자연이 있었고 그렇게 자연은 있었다.

자고 일어나니 불은 꺼져 있었다. 자고 일어나니 하루아침에 집을 잃고 가족을 잃고 반려동물을 잃고 생계를 잃고 희망을 잃었다는 이들의 처절한 사연이 있었다. 자고 일어나니 그들을 돕는 사람들이 있었다. 자고 일어나니 도움을 행하는 온정의 속도에 가속이 붙고 있었다. 자고 일어나니 자발적이어서 아름다운 연대가 더더욱 크게 부풀고 있었다. 자고 일어나니 사랑이란 전구에 불이 탁 켜지는 소리가 있었다. 자고 일어나니 서울의 꺼진 대형 싱크홀 속으로 빨려든 오토바이 운전자의 어이없는 죽음도 있었다. 자고 일어나니 경악이 있었고 불안이 있었고 분노가 있었다. 자고 일어나니 슬픔이 있었고 눈물이 있었고 애도가 있었다. 자고 일어나니 2025년 4월 4일 열한시 이십이분이 와 있었다. 자고 일어나니 포털사이트 인물 정보에 윤석열 이름 석 자 아래로 '전 대통령'이라는 부연이 프로필에 박혀 있었다. 자고 일어나니 그렇게 대한국민 우리가 정정당당하게 '있었다'.

:
뽑고 나면 그만이다

 옥상에 장미를 키운 지 몇 해 된다. 덕분에 매일같이 옥상에 올라가 하늘을 올려다보고 구름을 좇아보고 바람을 맞아보고 비를 가려보고 눈도 먹어본 지 몇 해 된다. 꽃이 피었을 때만 장미인 것은 아니니까, 꽃이 졌다고 장미가 아닌 것은 아니니까, 장미에게 꽃이 전부인 것도 아니니까, 뿌리도 있고 줄기도 있고 이파리도 있고 가시도 있고 하물며 벌레도 있으니까. 사계절 내내 장미는 저의 전부를 거는 일로 저의 소임을 다함으로써 이른 새벽 나를 절로 일으켜세운 지 몇 해 된다는 말도 되겠다.

 뜰이라니 밭이라니 정원의 규모를 따져 묻는다면 돌처럼 입술을 꽉 다무는 게 나라지만 쟤 이름이 뭐니 얘 이름이 뭐니 장미 하나하나에 호기심을 가진다면 쟤는 헤르초킨 크리스티나 예요, 얘는 퀸 엘리자베스예요, 먹이 받아먹기 바쁜 아기 새처럼 입을 쩍쩍 벌리기 바쁜 내가 되시겠다. 내게 가늠이 될 정도라 함은 어림잡아 헤아림이 가능하다는 얘기일 테고 그건 얼추 주제를 파악하고 있다는 말도 될 것인데 요즘 들어 안분수기安分守己와 같은 쉽고도 당연한 사자성어에 왜 이렇게 자주 쿵 하고 붙들리나 모르겠다.

자신의 변변하지 못한 처지를 깨닫는 일, 제 분수에 만족하여 제 본분을 다하는 일. 이 태도를 기저로 요즘 내가 새벽마다 우물쭈물 서 있곤 하는 데가 책장 앞이다. 어제와 같은 오늘이 없다는 걸 제 나고 제 죽음으로 보여주기 바쁜 장미 앞으로 향하기 전 왜 굳이 서가 앞에 서서 옥상에 들고 올라갈 책 한 권을 입술 뜯어가며 고르는지 나도 이런 나를 영 이해할 수가 없고 다만 마음이 시키는 몸의 일이라고 치부해버리고 말 때 오늘 책꽂이에서 꺼내 든 책을 보자니 그 제목 『줬으면 그만이지』다.

김주완 선생이 쓴 아름다운 부자 김장하 취재기. 2023년 1월에 출간되자마자 사두긴 했으나 정독하지는 않았던 책. 근 이 년이 지나 다시 집게 된 책. 익히 소문으로 들어 알았던 어른이라 책을 손에 넣고도 책장을 넘기기에 앞서 표지 사진을 오래 보았던 기억이 난다. 굽은 두 어깨와 들린 구두 뒤축의 둥긂, 그러니까 사람의 앞이 아니라 사람의 뒤라 하는 데서 우리가 왜 침묵하는가 하면 타인의 뒷모습에서 그 순간 제가 모르던 제 앞모습을 봐버린 연유도 있을 것이다. 부끄러움은 그걸 아는 사람만의 붉어짐이고 최소한 책이 그 농도의 조력자임을 믿는 데서 나는 오늘도 책으로 밥을 빌고 있으리라.

 가만, 화단에 풀 뽑는다 하더니만 나는 왜 오늘의 운세 뽑는 것도 아니면서 하염없이 책등 제목 따라 읽기 그리 바쁜가. 업이 그러하다보니 제 얼굴을 전면으로 내건 여타의 책에서 나는 특히나 정치인들의 미소를 본다. 꾸밈 앞에 내 살갖 닭살인가 가식 앞에 내 이맛살 찌푸림인가. 자고로 풀을 잘 뽑으려면 서서는 안 되고 일단 쪼그리고 앉아야 할 것이고 슬며시는 안 되고 깊이 고개를 파묻어야 할 것이고 힐끗은 안 되고 부릅뜬 눈으로 풀을 보아야 할 것이다. 하물며 풀과 책뿐이랴. 만들고 있는 책 제목도 뽑아야 하는데 당분간 사람 뽑는 일로 참 바쁠 우리겠다.

:
말이라 하면
정확하여 아름답기를

　아빠의 유품을 정리하며 앨범을 보다가 1983년 8월이라 찍혀 있는 사진을 보다가 제주 여행지에서의 새파랗게 젊은 삼십 대의 엄마 아빠를 보다가 번갈아 말 위에 앉거나 말 옆에 서는 일로 말과 함께 제주 바람 맞아 산발한 둘을 보다가 모형 말 말고 말, 그 살아 있는 말을 탔을 때의 느낌이 어땠는지를 사십 년이 훌쩍 지나서야 불쑥 묻는 내게 엄마는 단 일 초의 망설임도 없이 이렇게 답을 했지. "말도 마. 엄청나게 무서웠어. 말은 가만히 있는데 말 위에서 떨어질까 불안감이 몸을 흔드는 거야. 내 호들갑이 내 중심을 못 잡게 하는 거야. 문제는 말이 아니라 결국 나더라고."

　말과 내가 온전히 한몸이어야 한다는 것. 생각, 행동, 의지가 완전히 하나가 되어야 한다는 혼연일체라는 말에 어렴풋이나마 호기심을 갖게 된 것은 1986년 서울아시안게임으로 처음 보게 된 마장마술 경기를 통해서였지. (그때 우리나라 서정균 선수가 금메달을 땄고, 그는 1988년 서울올림픽 때 역대 승마 개인전 최고 순위인 10위를 기록한 바 있지. 이후 네 차례 아시안게임에서 여섯 개의 금메달을 따 한국 승마의 전설로 불리던 그는 애석하게도 지난 3월 12일 62세를 일기로 세상을 떠났지. 왜 이렇게 시시콜콜 한 사람을 두고 말을 하냐면 영웅은 이런 사람이 아닐까 해서 말이지. 계엄 이후 대선에 이르기까지 지난 육 개월 동안 단 하루도 빠짐없이 들어온 이름들이여, 부르다가 저들마저 헷갈려버린 이름들이여, 그의 이름을 불러줌으로 우리에게 와서 꽃이 되어줄 우리 세상의 숨은 인물을 절대 잊지 마시라!)

다시 돌아가 가만, 어떻게 그걸 기억하냐고 묻는다면 그 시절 우리집 식구는 여섯이었고 우리집 텔레비전은 단 한 대뿐이었으며 우리집 텔레비전은 너무 작았기에 우리 모두 직진이었고 우리 모두 정면이었으며 우리 모두 집중이었고 우리 모두 몰아일 수밖에 없었다고 자신 있게 말하는 거지. 마장에서의 마술이라는 얘긴가, 어린 마음에 해석한 건 그러했는데 마장에서의 예술이라는 얘기구나, 훗날 사전을 찾았을 때야 비로소 분명히 알았지. 가로 육십 미터 세로 이십 미터의 마장에서 일정하게 정해진 운동과목을 얼마나 정확하고 아름답게 하는가를 심판이 주관적으로 평가하는 경기라는 데서 나는 두 단어에 형광펜을 긋고 따로 메모해두었던 거지.

그러니까 정확함과 아름다움. 그전까지 왜 난 두 단어 사이의 거리가 끝없이 멀다고만 느꼈을까. 오늘에야 왜 난 두 단어가 조화를 넘어 초월임을 아는 걸까. 사람과 말 사이로 보건대 서로가 서로에게 귀를 기울이고 서로가 서로를 배려할 때 발휘될 수 있는 총기는 우리를 예술적인 '살이'로 이끌겠지만 서로가 서로를 의심하고 서로가 서로를 무시하려 할 때 뿜어져나오는 독기는 우리를 참혹한 '낙마'로 다치게 하겠지. 어쨌거나 선거는 끝났고 새 시대는 열렸기에 날이 날인 만큼 21대 대통령에게 한마디 안 할 수가 없는데 이 맥락에서라면 뭐 이거지. 혹시 말 타보신 적 있으실까요?

:
나는 간장 종지를 사랑해

"왜 이렇게 아무렇게 사는가?" 아직도 이 한 문장이다. 한 손은 빗자루를 쥔 것처럼 힘을 주었고 또 한 손은 끈끈이주걱에 붙들린 것처럼 힘을 뺐으니 다분히 내 인생의 화두라 하면 그래, 그거 맞겠다. 언제부터였냐고 하면 2018년 10월 3일부터라 하겠다. 허수경 시인의 유고집『가기 전에 쓰는 글들』얘기다. 그날부터 이 책은 내 책상 위에서 말마따나 매일같이 누워 있는 '와중'이다.

지드래곤의 〈삐딱하게〉를 들으면서 '아무렇게'를 검색해 본다. 마음 내키는 대로 규모 안 따진 채로 살고 있지 않은가 하여, 주의하지 않고 함부로 살고 있지 않은가 하여, 정상에서 벗어난 다른 어떤 방식으로 살고 있지 않은가 하여. 그러나 골칫

거리 앞에 녹아 단물이 된 아이스크림 같던 집중력이 배달음식 앱 안에서는 꽁꽁 얼린 과일빙수 속 잘린 복숭아처럼 뾰족함을 자랑한단 말이지. 한데 내가 진짜로 먹고 싶은 게 뭘까?

내 마음은 내 안에 있는데 내게 안 보이고 네 마음은 네 안에 있는데 내게 잘 보일 때가 있다. 내 안에 있는 내 마음에 불 좀 켜보겠다고 전구 대신 양산 하나 머리 위로 켜고 걸을 때가 있다. 여름 마트의 서늘함이 여름 사람들의 짜증을 급히 식힌다. 한 노인분이 떨어뜨린 수박 한 통이 벌건 침을 질질 흘리며 바닥에 엎드려 있는 가운데 미안합니다, 이거 값부터 얼른 내가 치르겠습니다, 당혹감을 어찌지 못해 서둘러 지갑부터 여는 어르신을 바라보는 것만으로 내가 받은 게 위로임을 깨닫는다. 위로받는 순간을 경험한 인간들에게 위로는 정말 약이라 하지 않았던가.

집에 돌아와 장바구니에서 모둠전을 꺼내는데 딩동 하고 벨이 울렸다. 현관 손잡이에 비닐봉지가 하나 걸려 있었다. 그 안에 플라스틱 수저 두 개와 캔 표면에 방울방울 물방울이 잔뜩 맺힌 포도 음료 웰치스가 들어 있는 것이 꼭 누군가의 땀방울로 가득한 얼굴 같았다. '빙수에 따로 수저 포크 엑스라고 표기

안 해주셨는데 저희 실수로 빼먹었네요. 고객님 얼마나 당혹스러우셨을까요. 이건 쏴비스! 좔좔 후기 부탁드립니다.' 포스트 잇에 적힌 손글씨를 따라 읽다가 나는 책을 헤집어 "나는 그 아이에게 무엇을 해주었던가"에 머물렀다. 시방 나는 어떻게 살고 싶은 걸까?

냉동실에 넣어둔 빙수를 꺼내고 모둠전에 간장을 곁들이려 종지를 꺼내는데 그 작은 것이 그 작음으로 딱 알맞은 것이 그리 이쁠 수가 없었다. 너는 나이에 안 맞게 좀 가벼운 경향이 있어. 네 글은 도통 깊이를 찾을 수가 없어. 한 달 전 한 친구에게 충고랍시고 혼쭐 직전으로 들었던 말의 체기가 그제야 내려가는 듯했다. 나처럼 경박스럽고 나처럼 엉성한 사람도 있어야 세상이라는 조각보가 보다 독특한 색채로 더한 유니크함을 자랑하게 되는 거 아니겠어?

내 뒤끝이 길다고만 하지 말고 이 구절을 함께 읽어보자. 너에게 편지를 쓰는 여름이다. "내 아궁이에서 끓었던 국들은 이 여름에 차마 소용없다. 여치의 다리에 묻은 간장 자국을 어찌할까……" 봐봐, 친구는 서로 지적하는 사이가 아니라 작디작은 것도 함께 걱정하는 사이라니까!

거시기가 공부다

 일러두기. 책의 첫머리에 그 책의 내용이나 쓰는 방법 따위에 관한 참고 사항을 설명한 글. 이름 끝에 이 단어를 붙여 연재를 해온 지 꽤 여러 달이 지났음에 이제야 사전에서 그 뜻을 찾아본 건 '당연히' '마땅히' '응당히' '의당히' 내가 그 의미를 손질한 닭의 살코기를 정통으로 꿰고 있는 꼬챙이처럼 쉽게 정의해 쓸 수 있을 거란 자신에서였다. 초등학교 2학년인 조카가 부지불식간에 내게 그 뜻을 물었을 때 나는 어땠나. 아니 왜 그거 있잖아, 미리 알려주는 거, 그거, 아이 참, 앞서서 말해주는 거 있잖냐, 그거. 이모 그러니까 그거가 뭐냐니까. '거시기'란 단어로 얼버무리기엔 속수무책으로 당혹스러운 것이 순간 부끄러움을 가장한 어떤 두려움이 나를 엄습하기 시작했다.

사전적 정의를 찾고 읽고 형광펜으로 칠하고 그 한 문장을 채운 단어 하나하나를 되새김질하고 나니 묘하기도 하지, 왜 외국 여행길에서 한참을 헤매다가 뭔가의 힌트가 되는 표지판을 발견해 목적지를 향해 미친 속도로 직진하는 환희의 내가 되는 기분이었으니 말이다(특히나 간판도 없이 동네 집들 사이에 숨어들어 있는 작디작은 빈티지숍을!). 내가 알고자 하는 주제였는데 내가 알겠다 싶을 때 내 몸은 얼마나 날렵한 바람이 되는가, 그때 그 회오리의 뜨거움을 잴 수 있는 온도계가 있다면 내 심장 말고 누구의 손이 그걸 집어 가능하게 하겠는가.

새삼 공부를 다시금 입에 올리는 요즘이다. 모름지기 공부를 새롭게 몸에 입히려는 작금이다. 우리는 무엇을 안다고 말할 수 있는가. 무엇을 모른다고 말할 수 있는가. 종종 시란 무엇인가 하는 질문을 받는 내가 거기로부터 도망치려고 부린 수법 같은 대답은 이랬다. 우린 다 말 하나에 삶을 걸고 거기 매달려 사는 사람들이니만큼 내가 안다고 확신했던 데로부터 왜라는 물음표를 갈고리처럼 걸고 과감히 미끄러져보는 일 아니겠냐고. 우리가 모르는 것을 모른다고 말할 때 그 모름을 안다고 말하는 데서 사방 꺼진 전구에 시방 불 딱 들어오는 밝음에 눈앞이 환해지는 그거, 공부 아니겠나.

한 인터넷 서점은 내가 처음 가입한 날과 처음 구입한 책을 알려주는 서비스를 제공한다. 그뿐 아니라 지금껏 사들인 책의 권수와 총 가격도 합산해준다. 기록하지 않으면 기억하지 못하는 게 능사는 아니지만 나의 한계도 분명히 있는 터, 접속의 힘을 빌리자니 이십오 년 전인 2000년 3월 28일 첫 구매 도서가 전기 『아빌라의 데레사』다. 내용은 둘째치고 밑줄이 그어져 있던 대목을 다시 읽다 오늘치 공부거리를 만났다.

"결심으로 시작한 영혼은 벌써 한참 길을 간 것이나 다름없다." "매일같이 완벽해진다는 것, 그것도 겸손되어, 일상 업무를 잘한다는 것, 함께 일하는 모든 사람을 동등하게 대접하고, 더 나아가서는 사랑으로 대접한다는 것." 의지력과 단순성. 그때나 지금이나 내게 간절한, 너무도 소중한 가르침은 이 두 단어구나. 빗자루를 찾는다. 어쨌거나 청소가 공부의 기본임은 내 방 책상 위부터 휙 둘러보자니 알겠다.

:
이런 소풍,
김밥은 못 들고 가지만요

　아빠의 유골함이 새집으로 옮겨가게 됐다. 근 십 개월 가까이 컨테이너 박스에 임시로 안치돼 있던 아빠의 유골함이 완공된 추모관 일층 추모실에 모셔졌다 하여 들어서고 보니 그 큰 방에 덩그러니 혼자였다. 홍보가 덜 돼 예약률이 낮은 걸까요? 유독 인기가 없는 특별한 이유라도 있는 걸까요? 안내를 맡아주신 선생님과의 대화중에 나도 모르게 뱉은 그 '인기'라는 말에 일순 겸연쩍어져서는 과연 누구를 위한 물음인가 순간 자문에 빠지기도 했다.

　죽은 자를 위한 것이 결국 산 자를 위한 것이고 산 자를 위한 것이 결국 죽은 자를 위한 것. 인생을 요약하는 말이라야 무궁무진하겠지만 이 맥락에서 보자면 결국 우리 다 양쪽 입장을 오가며 시소 타는 일이라 비유하고 말 때, 여기는 참 조용하고 나는 참 시끄러웠다. 맞지, 죽음은 말이 없는 것이었지. 그치, 삶은 입이 있는 것이었지.

아니 돌아가셔야들 여기 들어오실 거 아닙니까. 아직 안 돌아가셨으니 안 들어오고 못 들어오고 계시는 거지요. 단순하면서도 명징한 이 사실을 아둔한 내가 뒤늦게야 깨닫고는 가족들에게 연락을 돌렸다. 일 년에 한 번 유골함이 들어 있는 유리문을 열어주신다 하니 저마다 여기 넣을 것을 준비해서 만나면 좋겠습니다. 일요일 오후 열둘이 모인 가운데 누군가는 사진을, 누군가는 묵주를, 누군가는 천사 모빌을, 누군가는 편지를, 누군가는 종이로 접은 파랑새를, 누군가는 미니어처로 제작한 밥상과 술상을, 누군가는 신년 다이어리를, 누군가는 볼펜을, 누군가는 트레이싱지에 뽑은 시 세 편을……

그때 누군가가 제 가방에서 향수를 딱 꺼내려는데 더는 놓을 자리 없이 짐들이 선물로 꽉 들어찬 아빠의 새 보금자리라니. 이렇게나 좁은 걸. 이렇게도 작은 걸. 현실이 이러하니 우리는 더 열심히 쇼핑을 해야 하는 걸까, 현실이 이러하니 우리 죽어도 쇼핑을 말아야 하는 걸까. 선택은 각자의 몫이기에 세상에는 맥시멀리스트라 불리는 사람도 있고 미니멀리스트라 불리는 사람도 있어 만나면 반갑다고 MBTI부터 묻고 그러는 거겠지.

바람 쐬러 아빠 보러 갈래? 심심한데 아빠 보고 올까? 누가 보면 효녀 김청인 줄 알겠지만 아니다, 이야기의 궤를 뗄 수도 없이 복잡다단한 비리 뉴스에 짜증이 쌓였기도 했을 거다. 국감 현장을 보고 듣고 있는 것도 크나큰 스트레스의 요인이었을 거다. 그러거나 말거나 밤낮없이 늘어나는 각종 채널의 자극적인 제목에 몇 시간이고 휴대폰에 붙들리는 나의 의지박약을 새로고침하고 싶은 마음도 있었을 거다. 왜들 그렇게 저만 옳을까. 왜들 그렇게 막말을 일삼을까. 왜들 그렇게 부끄러움을 모를까. 왜 잘못했으면 잘못했다고 반성하지 않을까.

졸렬과 수치가 그들 자신을 반성하지 않는다면 그거 절망이라고 시인 김수영이 말했는데, 결국에 푸른 것은 내 무덤뿐이라고 시인 최승자가 말했는데, 이쯤에서 짐작하시려는가. 내가 자꾸 무덤가로 소풍 나오려는 연유를.

부록

:

봄이면 우리에겐 시가 있고
새가 있을 것이기 때문
—『시』(라이너 쿤체, 전영애·박세인 옮김, 봄날의책, 2024)

10월 들어 처음으로 산 책은 라이너 쿤체의 『시』였습니다. 파르스름한 양장에 두툼한 볼륨, 그의 시전집은 비닐에 싸인 채였습니다. 평소 같았으면 책이 답답해서일까 내가 궁금해서겠지, 무지막지하게 비닐부터 뜯기 바쁜데 이상하게도 이건 그러고 싶지가 않았습니다. 멀찍이 좀 떨어뜨려놓고 살짝씩 좀 훔쳐거리고 싶었습니다. 전부터 그의 시 「자동차를 돌보는 이유」를 내가 외우고 있는 데서 오는 일종의 반가운 마중이었는지도 모르겠습니다.

"머나먼 거리/때문이란다, 딸아//머나먼 거리 때문이지,/한 단어에서 다음 단어까지의." 시에서 단어와 단어 사이, 삶에서 여기와 거기 사이, 그 거리는 대체 얼마나 먼 걸까요. 재긴 잴 수

나 있는 걸까요. 공연히 이 딱딱한 책 위에 내 머리통을 누름돌 삼아 선잠이 들었을 무렵 걸려온 전화, 아빠가 위독하시단다.

병원으로 가는 차 안에서 플라스틱 자로 비닐을 뜯는 차분함으로 이 책을 시작했습니다. 1933년 구 동독 욀스니츠에서 광부의 아들로 태어나 1943년 열 살에 첫 시 「삶의 음音」을 쓴 그의 90세 연보 속 내가 밑줄 그은 한 줄이라면 "1976년 이해에는 시가 한 편도 나오지 않음". (이마저도 시가 아닌가 하기에!)

라이너 쿤체의 시는 투박하리만큼 정직한 독일식 빵을 닮아 있습니다. 화려한 기교보다도 다디단 감정보다도 올곧은 정신을 기저로 짧고 간결한 시라 할지라도 몇 번을 곱씹게 하여 그 구수한 뒷맛을 오래 가져가게 하는 힘이 있습니다. 그의 시라 하면 내가 반드시 연필로 밑줄 그어가며 읽는 연유입니다. 연필 끝에서 나는 빵냄새는 시의 허기를 우후죽순으로 불러오는 까닭입니다.

"모든 문 중 마지막 문//하지만 아직 한 번도/모든 문을 그새 다 두드려보지는 않았다." 그의 시 「자살」을 읽어주고 그러니까 더 "살자" 등 두드려주었던 날, 후배는 좀 울었던 것도 같습니다. 그리고 지금 나는 아무 페이지나 펴서 듣지도 못할 아빠에게 그의 시를 읽어주고 있습니다. "땅이 네 얼굴에다 검버섯들을 찍어주었다,/잊지 말라고/네가 그의 것임을."(「늙어」) 그래 아빠는 늙었고, 아빠는 맨발이기만 합니다만.

"봄이면 우리에겐/시가 있고 새가 있을 것"(「창가의 책상, 그리고 눈이 온다」)인데 "신은, 종 곁에는 계시질 않고/더 높은 곳은 우리가 가닿질"(「모라비아를 향한 작은 보고」) 못하니 "친구가 흙에 순응하듯"(「첫 행렬 뒤따르기」) 나는 오늘 '무덤'이라는 단어를 새로 배우는 참입니다. 그리하여 이 가을에 왜 『시』라는 시집을 읽어야 하냐 물으신다면 "우리도 우리가 어디로 가고 있는지"(「죽은 사람」) 모르기 때문이라고 그의 목소리를 빌려 답해보는 바입니다.

다분히 흙과 악수하게 하는,
—『흙을 먹는 나날』(미즈카미 쓰토무, 지비원 옮김, 메멘토, 2024)

　해가 뜨기 무섭게 옥상에 올라가 이 흙 저 흙을 뚫고 몸을 세워서는 이 방향 저 방향으로 가지를 휘어대는 장미를 보는 일, 제 하루의 시작이라면 무릇 그렇습니다. 자연은 아침저녁으로 "이러쿵저러쿵 잔소리로 하지 않고 일상 속 사소한 일에" 저를 녹여 내게 참회니 깨달음이니 하는 골치 아픈 단어들을 냄새로 알게 하고 바람으로 흘리게 합니다. 삶에 있어 유연히 휠 줄 아는 '자세'와 그것이 무엇이든 흘러가게 두고 볼 줄 아는 '태도', 일단 '흙'을 한줌 쥐고 서두를 여는 건 남은 제 한 손에 그를 빼닮은 책이 하나 들려 있어서입니다.

　'흙을 먹는 나날'이라는 제목입니다. 전후 일본 문단을 대표하는 작가 미즈카미 쓰토무의 작품으로 1982년 처음 출간됐으나 1978년 1월부터 12월까지 잡지에 연재된 것을 묶었다 하니 근 사십육 년 전의 이야기입니다. 타이틀 가운데 '먹는'에서 힌트를 얻으셨을 테고, 열두 달 연재물이라는 부연에서 실마리를 끄집어내셨을 것으로 압니다. 네네, 쉽게는 작가가 아홉 살에 시작한 승려 생활로, 부엌에서 사찰요리를 배운 경험을 바탕으로 매달 펼쳐 보인 제철 음식 관련 책이라 하겠습니다. 네네, 어렵게는 "부엌일을 하는 사람이 돼서 요리 삼매에 빠지면 거기에 문자도, 수행도 열릴 수 있는 길이 있다"는 '경지'의 지경을 보이는 책이라 하겠습니다.

이쯤 해서 저는 이 책의 부제인 '나의 정진 열두 달'에 주목합니다. 힘써 나아간다는 '정진', 요리에 있어서의 정진은 그 근본인 재료부터 따끔하게 따져 묻는 일일 것입니다. 작가는 말합니다. 밭과 의논해서 채소와 상의해서 정하는 것이라고요. 토란을 통곡하게 할 만큼 칼로 껍질을 싹 다 벗겨버리는 일이 아니라고요. 볼품없는 무를 비웃을 자격이 우리에게는 없다고요. 나무도 사람과 비슷해서 심히 일한 다음에는 자고 싶어질 것이니 올해 흉작이어도 내년에는 열매 많이 맺게 해달라고 두 손 모아 합장할 수밖에 없다고요. 그러믄요, 정진의 본질은 계절을 먹는 데 있기에 흙을 먹는다는 건 제철 재료를 먹는다는 얘기일 겁니다. 묘하죠. 알맞은 시절에 나는 진정한 참맛의 현현을 우리는 왜 평소에는 마주하지 않다가 몸에 병이 들어 곧 흙이 되지 않겠나 하는 경고를 듣는 그제야 허겁지겁 마주보곤 하는 걸까요.

다분히 흙과 악수하는 책이 되어주기에 다 읽기도 전에 친하게 지내는 두 명의 요리사에게 각각 주문해 보냈습니다. 어떤 목적이 있었다면 다 읽고 난 뒤에 가늠이란 잣대를 대보았겠으나 그렇게 지체할 시간조차 주지 않는 책이었습니다. "그저 입을 다물고 묵묵히 만들면 된다." 내가 요리에 대해 뭘 안다고 건방을 떠나 전전긍긍이었는데 박찬일 요리사의 추천사를 보니 심히 안도였습니다. "이론과 문자가 요리를 해주지 않는다." 참, 저를 위해서는 '맛의 달인' 33권을 주문했습니다만.

:

훌륭한 지도는 실로
'자연'스러운 사람이 아닐까
—『도덕경』(노자, 오강남 엮음, 현암사, 2010)

　세상이 미쳐 돌아간다 싶은 일련의 사건 사고가 눈앞에서 펼쳐질 때가 있지요. 거짓말이야! 거짓말이야! 거짓말이야! 김추자의 노래처럼 외치고 싶은데 그 면면이 실시간으로 현장감을 자랑할 때가 있지요. 사람이 말이죠, 그것도 단 한 사람, (딱한 사람 아니고) 딱 한 사람 때문이라 할 때 말이죠, 일순 말문이 막혔다가 곧장 분노로 폭발했다가 오래 슬픔으로 무력해진 내 얼굴을 발견할 때가 있지요. 그러니 이 문제는 내 문제, 나아가 우리 모두의 문제로 함께 붙들어야 함이 온당할 테지요.

　하여 "사람이 어째서 이 모양인가!"(천주교 사제 1466인 시국선언문 제목) 하는 말을 몇 날 며칠 곱씹다가 그 가운데 '사람'에 방점을 탕탕 찍고 그 자리를 '지도자'로 갈아 끼워서는 "지도

자가 어째서 이 모양인가!" 탄식하고 나니 마주하게 되는 사람, 노자더란 얘기지요. 동시에 『도덕경』을 꺼내게도 되었다는 후문이지요.

　'가장 훌륭한 지도자는'이라는 제목에 '네 종류의 지도자'를 부제로 달고 있는 『도덕경』의 제17장을 새삼 밑줄 그어 다시 읽었다지요. "가장 훌륭한 지도자는/사람들에게 그 존재 정도만 알려진 지도자,/그다음은 사람들이 가까이하고 칭찬하는 지도자,/그다음은 사람들이 두려워하는 지도자,/가장 좋지 못한 것은 사람들의 업신여김을 받는 지도자."

　저기 저 생겨먹은 그대로 솟아 있는 산이 있다 할 때 우리는 스스로 거기 오를 뿐, 구구절절 그 이유를 따져 묻지 않지요. 산은 스스로 거추장스럽게 존재를 뽐내지도 않고 우리를 걸리적거리는 존재로 내려다보지도 않지요. 산은 말이 없고 우리는 침묵 가운데 산의 음성을 저마다 느낄 뿐이지요. 더불어 우리는 산의 뒤를 알아서 좇는 데서 각기 다른 삶의 순리를 배워가지요. 노자에게 가장 훌륭한 지도자는 실로 '자연'스러운 '사람'이 아닐까 하는데 글쎄요, 뭐 꿈은 꿀 수 있어 아름다운 것일 테니까요.

반면에 노자가 칭한 가장 좋지 못한 지도자는 지금껏 우리가 흔히 봐왔던 부류의 사람이기는 해요. "사람들의 비웃음을 사는 부류이다. 스스로 도덕성을 상실하고 부패했기 때문에 아무리 사회 정의니 인도주의니 하고 떠들어도 사람들이 믿지 않고 조석으로 법령, 훈령, 지시를 내려도 사람들이 콧방귀나 뀐다. 불신 사회요, 나쁜 의미로의 혼돈이요, 혼란이다." 이 책을 풀이한 오강남 선생님의 말씀을 따라 읽다보니 나는 지도자도 아니요, 그걸 꿈꾸는 이도 아니면서 거울이 내 앞에 놓인 것처럼 왜 내 얼굴부터 반추하나 싶더라고요. 내가 이 사회 속 한 '사람'으로 지금껏 '덕'이란 것을 고민이나 하고 살았나 싶은 부끄러움이 순간 치민 까닭이기도 했을 거예요. 고전의 역할은 아마 이런 데서 긴급 발동되기에 귀하다고 하는 걸 테고요.

"(훌륭한 지도자는) 말을 삼가고 아낍니다./(지도자가) 할일을 다하여 모든 일 잘 이루어지면/사람들은 말할 것입니다, '이 모두가 우리에게 저절로 된 것이라'고." 연이어 책을 하나 뽑고 보니 강석경 선생님의 『저 절로 가는 사람』이었다는 거, 그러고 보니 지금 막 올려다본 하늘의 구름이 어제와는 사뭇 또 다른 느낌이라는 거!

사랑하는 친구여, 꼭 붙잡아요
—『마이라 칼만, 우리가 인생에서 가진 것들』
(마이라 칼만, 진은영 옮김, 윌북아트, 2025)

책을 열었더니 "두려워 마세요 be not afraid" 한다. 책을 닫으려니 "꼭 버티세요 hold on" 한다. 작금의 우리로 보건대 콕 집어 누구 한 사람에게만 주기 싫은 메시지, 오늘의 나로 보건대 내가 사랑하는 모든 사람에게 주고 싶은 메시지. 왜냐, 가질 수 없는 지난해가 불을 딱 껐으니까. 하여, 가질 수 있는 모든 새해가 불을 탁 켰으니까. 뭐니 뭐니 해도 '시작'처럼 밝은 등불은 없으니까. 그 아래 어디쯤 의자 하나 놓고 이 책을 안았더니 '우리가 인생에서 가진 것들'이라는 제목에서부터 체념 아닌 무념이다. 쉽고도 어렵구나. 이 책 이거 '인생' 맞겠구나.

세계적인 작가이자 일러스트레이터 마이라 칼만이 쓰고 그린 책이다. 아름다운 이 책을 우리 손에 아주 친근하게 자주 빈번하게 들게 한 건 한국의 시인 진은영의 번역이다. '그림 에세이'라고는 하나 한 편의 거룩한 '서정시'라고 해도 무방할, 눈이 커지고 코가 붉어지고 입이 다물어지고 귀가 열리고 손은 바빠지는 그런 책이다. 왜냐, 책에 등장하는 거의 모든 여자가 그것이 무엇이든 무언가를 '들고holding' 있었으니까. 하여, 그림을 보고 글을 읽는 내가 그런 나로부터 내내 '들리고raising' 있었으니까.

여자들은 무얼 가지고 있나. 전지가위를 들고 있는 여자가 있고, 현대미술에 의견을 가진 여자가 있고, 커다란 책을 안고 있는 이디스 시트웰이 있고, 커다란 양배추를 든 짜증이 난 여자가 있고, 궁정을 장악한 여자가 있고, 정원에서 꿀을 들고 있는 키키 스미스가 있고, 아픈 개를 안고 길을 걷는 여자가 있고, 가까스로 정신을 붙들고 있는 버지니아 울프가 있고, 나치 군인들에게 피살될 때 아이의 손을 잡고 있는 엄마가 있고, 굳세게 버티는 나탈리아 긴츠부르그가 있다. 그래, 숱한 시간 동안 여자들은 집과 가족, 아이들과 음식, 친구 관계, 일, 세상의 일, 그리고 인간다워지는 일, 기억들, 근심거리들과 슬픔들과 환희, 그리고 사랑을 들고 있었구나. 그래, 그런 그들을 보는 내내 나는 그런 그들로부터 들리고 있었구나.

'작가' 마이라 칼만에게 '관찰'이라는 단어를 떼어 '여성' 마이라 칼만에게 입력시켜 출력되어 나올 단어라 하면 그거 필히 '살핌'이리라. 느리고 더디게 그의 단순한 그림의 선과 짤막한 단문의 문장을 좇는 와중에 느닷없이 먼지떨이 총채 하나를 검색하여 사들인 것도 두루두루 주의하여 헤아려보는 과정 가운데 내 '일'이리라. 멀리로는 내가 모르는 사람에게서 가까이로는 내가 아는 사람에게서 내가 알아보고픈 '인생'을 글과 그림으로 비유했을 때, 그 깊어짐은 제 가계를 위아래로 털어본 일일 때, 아무렴 나는 마이라 칼만에게서 사람이라는 슬픈 역사의 '총체'를 맞닥뜨려본 것도 분명하리라.

그렇다면 한 여자로 나는 지금 무얼 가지고 있나. "책을 보는 여자woman holding book"의 고개가 아래로 수그러져 있다. "당신은 내가 가장 소중히 여기는 것을 들고 있군요. 한 권의 책을요. 무언갈 붙들어야 한다면, 바로 이것이죠. 사랑하는 친구여, 꼭 붙잡아요. 한마디 더. 들고 있어도 되지만, 내려놓아도 돼요. 하지만 또다른 책을 들겠죠." 든다. 들린다. 얼마나 다행인가. 책상은 책을 더 담을 수 있다.

기억과 기록은 종이 한 장 차이죠!

— 『문구 뮤지엄』(정윤희, 오후의서재, 2025)

'문구'라면 일단 두 손부터 들고 보는 저인지라, '뮤지엄'이라면 덜컥 두 무릎부터 꿇고 보는 저인 터라 'THE STATIONERY MUSEUM'이라는 제목이 표지 삼분의 일을 장식한 352쪽짜리 책 한 권을 후딱 주문하고 보았습니다. 판형은 컸습니다. 종이는 묵직했습니다. 이미지는 정직했습니다. 만년필과 연필을 비롯한 각종 필기구, 노트, 기발한 아이디어를 장착한 온갖 문구까지 여든한 가지 제품과 브랜드에 대한 이야기가 깊이 있는 상냥함으로 가독성 있게 펼쳐지는바, 그럼에도 책장을 넘기는 속도는 점점 느려질 수밖에 없었습니다. 추억은 뒤로 걷는 일이니 말입니다. 그 추억이라는 체에서 건져올려진 '내가' 나의 취향이니 말입니다. 하여 취향껏 모아두었던 문구를 책상 위에 우르르 쏟고 일일이 확인하게 되었으니 말입니다. 내가 몰랐던 새 브랜드를 검색하고 신제품을 사들이느라 빈번한 카드 결제를 자랑하게 되었으니 말입니다.

  물론 서랍 가득 빼곡하게 들어찬 필기구를 마주하며 죄책감을 느끼지 않은 것은 아닙니다. "목수는 몰라도, 작가는 연장 탓하면 안 되겠죠?" 하는 작가의 말에 쓰레기봉투를 꺼내오는 실행을 서둘지 않은 것도 아닙니다. 다만 "문구는 벗이자 생존 도구였다"는 작가의 프로필에 얼씨구나 신이 나서 재빨리 쓰레기봉투를 접어버린 것이 또한 오늘의 제가 맞을 것입니다. 그렇게 종이 위에 무언가를 쓴다는 일에 대해 생각을 하게 된 건 목차에서 만난 이 한 줄 덕분이었습니다. "있었는데 없었습니다"라는 파이롯트 프릭션 펜을 소개하는 의미심장한 한 문장. 순간 '쓰기'가 곧 '살이'구나 싶었습니다. 그러니까 죽음 뒤에 그 어떤 쓰기란 없고, 그 어떤 살이 앞에 죽음 역시 놓일 수 없다는 것! 그러니까 문구라는 친구, 평생에 그 하나를 찾기 위한 오늘의 무수한 소비는 아름다운 헤맴이라는 것!

  "기억과 기록은 종이 한 장 차이죠." 오십이 되고 보니 이십 년 전 일은 생생한데 이십일 년 전 일은 가물가물합니다. 기억할 수 없다면 기록해야 한다는 걸 이즈음의 시국을 통해 배우기도 합니다만 어쨌거나 정직한 메모는 정확한 증거가 되기도 하거니와 요인즉슨 기록하기 위해서는 문구가 필요하다는 결론입니다. "나중에 기억하기 위해 적는 것이 아니라, 지금 기억하기 위해 적는다." 미국의 노트 브랜드 '필드 노트'의 슬로건이 유독 나를 잡아끄는 이유를 능히 짐작하는 데서 특히나 잘 찢어지지 않고 방수 기능까지 있다는 '익스페디션' 노트와 작업용 연필을 구입하고 나니 통장을 '텅장' 하고 발음하게도 됩니다. 이상, 올해도 '의로운 소비'라는 말을 섬길 것 같다는 한 맥시멀리스트의 고백이었습니다.

:
반절만 건네고 반절은 물고
―『도넛을 나누는 기분』(김소형 외 19인, 창비교육, 2025)

    도넛 가게에 들렀지. 도넛을 사는 기분을 느끼려고 말이지. 도넛. 밀가루에 베이킹파우더, 설탕, 달걀 따위를 섞어 이겨서 경단이나 고리 모양으로 만들어 기름에 튀긴 과자. 도넛은 둥그니까 자꾸 걸어나가면 온 세상 어린이를 다 만나도 좋겠잖아. 그렇잖아. 이 도넛이 네 도넛이냐 제각각의 향을 입은 다디단 동그라미 가운데 집게로 내 도넛을 가려내고 집어내어 쟁반에 올려놓았지. 변하지 않는 건 정情이기에 앞서 내 고심이 곧 내 취향이구나 그 재미야말로 곧 동심童心이구나. 도넛이 든 종이봉투를 품에 안고 집으로 가는 길에 내 동작은 그야말로 조심조심. 신형철 평론가가 그의 책 『인생의 역사』에서 그랬지. 조심은 손으로 새를 쥐는 마음이라고.

봉투에서 도넛을 꺼냈지. 그리고 잠시 두고 가만히 보았지. 도넛을 두고 이 도넛을 어떻게 시작할까 뜸을 들이는 건 도넛을 에워싼 설탕 가루 때문만은 아니지. 떨어져 쌓이는 까슬까슬 흰 가루가 짠맛도 아닌 것을 쓴맛도 아닌 것을 하물며 단맛인 것을! 힌트라면 책이랄까. 『도넛을 나누는 기분』이라 하니 어떻게 도넛을 먹을까 하는 마음은 어떻게 도넛을 나눌까 하는 기분이지 않을까 하여 "나란히 시선을 두는 것뿐이다/반절만 건네고. 반절은 물고"라 쓴 유희경 시인의 글을 찾아 읽었지. "시를 쓴다는 것, 또 시를 읽는다는 것 역시 기분의 문제이다. 나는 당신의 기분을 침범할 수 없다. 당신이 나의 기분에 관여할 수 없는 것처럼."

도넛을 먹으며 시집을 읽었지. 며칠 이 시집이 가방 속에 들어 있어 그토록 도넛 타령이었구나. 내 쿵쿵거림의 근원을 알게 한 이 책은 창비청소년시선 시리즈 십 주년이자 50번 기념 시집이지. 스무 명의 시인이 저마다 청소년이라는 '시절'을 위시해 써내려간 시 세 편과 시작 노트를 모았으니 시가 육십 편에 시작 노트가 이십 편이라 도합 팔십 편의 읽을거리라 할 수 있지. 풍성하지. 이쁘지. 구절에 붙들리면 멈추고 구절이 놔주면 뛰어가고 일단은 다양한 입맛이라 할 메뉴라서 골라 먹기 좋으니까 중학교 3학년 남자 조카에게 망설임 없이 선물로도 보낼 수 있었지. 원휘야, 이게 '거북이의 세계'란다. "앞을 밀며/앞을 밀며//나아가고 있다고 믿는 것 같다/나갈 수 있다고 믿는 것 같다//바다는 끝이 없으니까/백년 동안//앞을 밀며/앞을 밀며//나아가도 제자리//안도 밖도 없이"(유계영). 이모, 거북이 사셨어요? 얘는, 초심初心 그거 마음을 잘 먹자는 얘기지.

한 문장에서 시작한다
—『단어 옆에 서기』(조 모란, 성원 옮김, 위고, 2025)

'단어 옆에 서기'라는 제목보다 실은 작가의 이름이 먼저 눈에 든 책이었습니다. 조 모란Joe Moran. 5월에 홍자색으로 피는 꽃 모란도 곧이겠구나, 약력부터 빠르게 읽어나가는 가운데 순간 이 문장에 사로잡히고 말았습니다. "독일의 비평가 지크프리트 크라카워가 '아무에게도 속하지 않고 모든 사람을 지치게 하는 삶'이라고 부르는 일상의 진부하고 시시한 세부에 집중한다."

설명만 놓고 보자면 이 사람 대체 무얼 하는 사람일지 궁금하지 않을 수가 없는데요, 특히나 "조 모란은 산문을 시화詩化하는 천재적인 재능을 가졌다"는 사학자 피터 헤네시의 말에 그 호기심은 더욱 증폭되지 않을 수가 없는데요, 예서 제가 형광펜으로 삼킨 두 단어는 '일상'과 '시화'입니다.

'평범한 단어로 우아한 문장의 경로를 개척하는 글쓰기'라는 부제가 달린 이 책의 첫 장은 이렇게 시작합니다. "한 문장에서 시작한다." 곧바로 따라쟁이가 된 나는 이렇게 또 흉내를 내봅니다. "한 문장으로 끝이 난다." 사회문화사학자이며 대학교수로 특히나 시와 논픽션 분야의 글쓰기 교육에 매진해온 작가는 글의 서두부터 이런 매력적인 철학을 펼쳐놓습니다. "선생은 산만한 학생을 무작정 가르치려 들기보다 자신이 전에 받은 호의를 되돌려주는 방식으로 교육할 때 좋은 효과를 낸다." 책이 전개되는 내내 그는 자신의 폭넓은 독서 체험을 바탕으로 한 다양한 문장 읽기의 재미를 선사함과 동시에 다소 딱딱할 수 있는 글쓰기 이론서로서의 순기능도 한데 버무려냅니다.

흥미진진한데 팝콘을 씹어가며 읽을 수가 없습니다. 색색의 형광펜을 바꿔가며 쥐어야 하기에 손이 모자라는 연유입니다. 왜 이렇게까지 하는 거냐 물으신다면 아주 자주 이 책의 아무 페이지나 펼치게 될 것을 미리 아는 까닭이라 해둘 참입니다. '내 문장'이 안녕한지 결국 쓰기에 있어 나와 직면하기 위해 이 책을 통과한 것이 아닐까 더 늦기 전에 조사 '은는이가'부터 다시 배우리라 다짐하는 참입니다. 실패한 문장을 읽는 것은 들리지 않는 대화라 했거늘, 또한 잘 쓰인 문장은 자기 연민과 진부함의 해독제라 했거늘, 저는 탄핵심판 선고 결정문이 노래처럼 들리는지 툭 하면 켜놓고 앉아 있습니다.

"'문장sentence'이라는 단어는 본디 법정에서 내리는 평결을 의미했다. 이런 종류의 문장은 기나긴 숙고 끝에 내린 결론이다. 체포, 재판, 유죄 평결 그리고 감형 탄원은 모두 재판장의 문장으로 피고 앞에 선언되었다. 이때 문장은 반드시 집행되어야 했다." 그리고 오늘 필사한 구절이라면 말입니다.

'다르다'는 미침이 결국엔 '닿는다'
—『여자는 왜 모래로 쓰는가』(장혜령, 은행나무, 2025)

새 책을 손에 들게 되면 으레 나는 아무 페이지나 펼쳐 단박에 들어오는 문장을 좇는다. 오늘 이 책으로 말할 것 같으면 턱하니 펼쳤을 때 139쪽이 나왔고 거기 나는 이렇게 붙들렸다. "1979년 1월 1일 월요일, 나는 멋진 각오를 한다. 매일 누군가의 뒤를 따라갈 것이다." 소피 칼의 이야기다. 그러나 이걸 시인 장혜령이 하고 있는 책이다.

새 책을 손에 쥐게 되면 두말할 것 없이 나는 아무 페이지나 펼쳐 즉시로 눈에 박히는 단어를 줍는다. 오늘 이 책으로 말할 것 같으면 탁 하니 펼쳤을 때 190쪽이 나왔고 거기서 나는 이걸 주워들었다. '고니'. 고니 몰랐나 고니. 고니 처음 듣나 고니. 기억 다음에 니은이고 둘 다 받침 없어 미끈한데 "날개 다

283

친 흰 고니와 병원 침대에 누운 엄마를 이미지로 연결하고" 있는 김혜순의 이야기다. 그러나 이걸 시인 장혜령이 하고 있는 책이다.

어떤 책인지 가늠이 좀 되시려나. 여성 작가 9인의 '뒤'를 따라가며 그들의 전작을 넘나드는 가운데 그와 동시에 여성 작가 나의 '앞'을 주시하며 나의 내면을 끌어들인 저자 장혜령이 이를 씨실과 날실처럼 교차하여 꿰어나간 베틀 되시겠다. 고로 도합 10인의 여성 작가가 제 고유의 영역에서 자기만의 목소리를 다해 제멋대로 노래하는 데서 어떤 변종이 된, 그야말로 '이기'를 부려 '기이'를 가지게 된, 이야말로 '다르다'는 미침이 결국엔 '닿는다'는 미침에 도달한 아주 독특한 책 되시겠다.

차학경, 아니 에르노, 한강, 다와다 요코, 소피 칼, 올가 토카르추크, 김혜순, 클라리시 리스펙토르, 엘프리데 옐리네크와 함께 직조texere해나간 장혜령의 텍스트text는 우리를 작게는 '읽는 사람'으로부터 크게는 '다 읽고 더 쓰는 사람'에로 확장시켜나가는 데 있어 뜻밖에 아주 감각적인 센서 등이다. 장마다 빈번하게 끼어들어 불을 켜는 소제목을 보라. "그 잉크를 지금 흐르게 하라"고 하는 것처럼 그것은 친절하지 않고 다만 그것은 자유롭다. 하단마다 빈삭하게 주저앉아 불을 켜는 각주를 보라. "오래전 당신도 그런 적이 있었으리라"고 하는 것처럼 그것은 그 자체로 그물이고 다만 그것은 구멍일 때도 잦다.

왜 하필 크루아상이었는지는 모르겠으나 겹겹의 빵을 뜯어 먹으며 이 책을 다 읽었다. 저간에 몇 개의 크루아상을 먹어 치웠는지 그 수를 세는 일은 중요하지 않으리니 나는 그저 내 발밑에 무수히 떨어져 있는 빵가루를 한데로 쓸어모으는 손동작이나 반복하고 있다. 참, 이 책의 제목은 '여자는 왜 모래로 쓰는가'다. 빵 아니다. 모래다.

여름에 피운 마음이 그곳에 잘 당도하기를
—『여름어 사전』(아침달 편집부, 아침달, 2025)

　각 얼음을 좋아해요. 각이 진 틀에 얼린 왜 그 네모난 얼음 있잖아요. 냉동실에 보면 포도송이 같은 동그란 틀도 있고 그랬는데 이상하게 딱 각이 진 네모라야 단단한 내 앞니와 상대할 맞수 같았어요. 와그작와그작 그 투명하고 말간 것을 깨물어도 덜 미안한 건 입안 가득 내가 부순 얼음 알갱이들이 가득할 때 골이 파일 듯이 조여오는 일이 먼저여서일 거예요.

　여름 하면 얼음, 얼음 하면 땡, 땡 하면 땡스북스, 북스 하니 6월, 6월 하니 서울국제도서전. 벌써 많이들 걸음하셨지요. 매년 모든 면면에 있어 사상 최대를 경신하고 있는 최대 규모의 책 축제 한가운데 올해도 그에 맞춤한 책을 하나 집어들었네요. 이름하여 『여름어 사전』. '우리가 간직한 157개의 여름 단어'를 한 시절의 파노라마로 상연하는 듯 그 장면 하나하나를 마음 일렁이게 모은 책이에요. 이름하여 '행복어 사전'처럼 "여름에 피운 마음이 그곳에 잘 당도하기를" 바라는 마음에서 쓰인 이 아름다운 책의 저자는 하나가 아니고 둘도 아니고 우리의 이웃 같은 여럿이라지요. 출판사에서 책을 기획하고 만들고 있는 네 사람과 이곳에서 책을 출간한 시인들과 공모를 통해 받은 북클럽 회원들의 원고까지 말마따나 이 책은 여름으로 가는 동안의 끝말잇기이자 여름이 이끌어준 합심이 아닐 수 없다 하겠지요.

저는 이 책을 통해 '여름에 먹자고 얼음 뜨기'라는 옛 속담을 배웠어요. 앞으로 큰일에 쓰기 위하여 미리 준비함을 비유적으로 이르는 말이라지요. 그 순간 유독 제목에 '여름'이 들어간 시집들이 매년 그 시즌이 오면 스멀스멀 피어오르는 연기처럼 우리에게 스며버리는지 알 것도 같았어요. 가수 이정선님의 노래를 빌려와봐도 여름은 젊음의 계절이고 여름은 사랑의 계절이니까요. 젊음과 사랑, 누가 어떻게 이길까요. 젊음과 사랑, 누가 감히 지울까요. 사전이니까 목차를 하드 문 입으로 읽어나가요. 굴타리먹다, 나무말미, 돌림곡, 배차간격, 복숭아절임, 산돌림, 손차양, 여을, 오이냉국, 작달비, 칠월송아지, 팔도비빔면…… "아직도 1.5인분 양의 팔도비빔면이 출시되지 않는 게 이해되지 않는다"는 첫 문장부터 옳거니! 추임새를 넣는 저라지요. '[명사] 1984년 출시된 인스턴트 비빔면'을 다 비빈 뒤 각얼음을 털어 넣으면 오늘의 제 여름 별식 완성이요!

:

메모를 다 이어붙이면 당신이 될 것입니다
—『미묘한 메모의 묘미』(김중혁, 유유, 2025)

이 책이 나오자마자 제목을 '메모'해둔 덕분에 이 책을 읽게 되었다. 원래 참 재미난 거, 일찌감치 새로운 거, 유용하게 잡다한 거, 그런 거 요리조리 잘 탐해온 소설가 김중혁의 신간인 만큼 그의 그림과 손글씨가 자유로우나 나름의 질서로 와글와글 깔린 표지의 책『미묘한 메모의 묘미』를 후다닥 안 읽어치우고 느릿느릿 톺아보게 된 데는 이 책이 '자기계발서'의 카테고리 안에 들어 있기도 해서였다. (매미처럼 맴맴 미음을 앞세워 나열한 제목 보소!)

겉으로 드러나지 않은, 자기의 재능 같은 것을 일깨워주는 책이라면 저도 모르게 응당 연필과 자와 형광펜과 포스트잇을 들고 책장 위에 코를 처박기 마련이라 나는 책 읽다 말고 내게 맞는 메모 도구 쇼핑 삼매경에 저도 모르게 헤 벌어진 입에서 침도 흘렸다는 후문이다. 그러니까 온몸으로 읽게 만드는 미묘한 묘미의 책, "시작은 언제나 메모였다"는 부제가 하나이면서 전부인 책, 폭염과 폭우의 반복으로 폭소를 잃어버린 이 여름에 하필 왜 이 한 권을 붙잡았는가 하면 어쩌면 내 안팎의 새로고침이 절실한 시기이기도 해서일 거다.

저자가 평생 해온 메모의 경험과 메모의 도구와 메모의 방법과 메모의 선례와 메모의 단상이 지루할 틈 없이 단문의 문장을 타고 리드미컬하게 전개되고 있는 이 책은 가르치기를 목적으로 하지 않고 가리키기를 흥미로 아는 까닭에 내게 맞는 메모 요령을 절로 타진하게 한다. "직소퍼즐 맞추듯 메모를 다 이어붙이면 당신이 될 것입니다." 우리는 무엇을 메모하는가. 우리는 하여 왜 메모를 하는가.

메모로 이뤄진 책이기도 한 『애도 일기』를 펴낸 롤랑 바르트가 메모란 "지식을 위한 것이 아니라 글쓰기를 위한 것"이라 말하기도 했다지만 비단 글쓰기를 위함만은 아닐 것이다. 우리 안에 뭐가 있을지 우리도 모르기에 우리는 부지불식간의 메모를 통해 우리라는 '나'의 주제를 파악해나갈 수 있는 것이리라.

책의 시작 부분을 읽다 케케묵은 '타자기'를 꺼내왔는데 책의 끝부분을 읽다 '노트'를 펼쳤다. "인간은 태어날 때부터 열 개의 스타일러스(펜)를 가지고 태어난다." 스티브 잡스의 말이라 메모해두었다.

사람도 잘못 잡으면 마음을 벤다
—『너에게 쏜다』(천양희, 창비, 2025)

　스물셋 12월에 처음 직장인이 되었다. 심장을 가진 사람의 손이 아니라 엔진을 가진 바퀴의 손잡이에 매일같이 매달리던 시절이었다. 두 시간 삼십 분이 걸리는 출근 시간 내내 자고 싶다, 그 생각만 했다. 두 시간 삼십 분이 걸리는 퇴근 시간 내내 자기 싫다, 그 생각만 했다. 내가 서 있는 여기가 어딘지도 모르면서 벼랑이거나 허방 아니겠나 부들부들 발가락을 곤추세우곤 했다. 늦은 밤 집을 지척에 둔 동네 치킨집에서 주문한 생맥주가 나오기도 전에 내가 한 행동은 신을 벗고 양반다리를 해 주먹으로 종아리를 치는 일이었다. 그때 왜 난 나를 아프게 하는 것이 팔 센티미터 힐이라는 걸 몰랐을까. 그때 왜 난 나를 슬프게 하는 것이 처지나 엄살 같은 말이라는 걸 몰랐을까.

스물셋 12월에 처음 직장인이 된 내가 가방 속에 자주 넣고 다닌 책 가운데 하나가 천양희 시인의 시집이었다. 1998년 우리들의 휴대폰은 용건만 간단히, 그 이상도 그 이하도 아니었다. 버스에서 지하철에서 택시에서 눈이 떠지면 책을 읽었고 눈이 감기면 졸았다. 유난히 작은 핸드백을 들고 나와야 하는 날이면 접혀 있던 책의 장을 칼로 잘라 반에 반으로 접어서는 미리 가방 속에 넣어두곤 했다. "세상에는 베이는 일이 너무 많다/풀도 잘못 잡으면 손을 벤다/사람도 잘못 잡으면 마음을 벤다/세상에 참 많이 베어본/사람은 안다/손을 베이면/손이 아니다/베인 건 마음이다/마음이 손을 잡는다" 「손」이라는 시였다. 쿵 하고 떨어지는 마음이었다.

거칠게 목차 페이지만 찢어 외투 주머니에 넣고 다니던 게 습관으로 굳은 시절이기도 했다. 「나는 누구인가」라는 제목에 유독 끌릴 때 그건 작금의 내가 헤매고 있구나 알게 하는 거울이기도 했으니까. 시력 육십 년을 맞아 천양희 시인의 '짧은' 시를 모은 선집이 나왔다. 왜 시를 읽어야 하는지 나는 잘 모르겠고 왜 지금이 시의 시대라 하는지 그것도 잘 모르겠어서 다만 나는 입이 없으므로 두 눈이나 크게 뜬 채 이 시집을 읽고 있다. "큰 나무에 붙은 매미는/작은 점에 지나지 않는다/그래도 매미의 노래는/멀리 퍼지고 깊이 파고든다 시집처럼" 매미가 운다. 시가 온다. 「매미 노래와 시」다.

：
여러분의 마감식은 어떤 음식일까요?
—『어떤 탕수육』(김마리, 뉘앙스, 2025)

　관형사 '어떤'을 갖다 쓰곤 하지요. 작심일 때는 안 따라붙는데 이상하게 무심일 때는 왜 마른 김 위에 진밥 푸던 주걱 놓친 것처럼 들러붙어 안 떨어지는 밥풀 같은 말이 되던지요. 말거리나 글거리를 떠올릴 적에 특히나 그 맥락의 생각거리가 많아 부유하는 얘깃거리가 좀처럼 가라앉지 않고 되레 망망대해처럼 퍼져 종이를 눌러 고정하는 문진처럼 서두에 놓게 되는 말. 하나이면서 전부가 되는 그 '어떤' 다음에 어마나, '탕수육'이라니!

　『어떤 탕수육』은 '북디자이너의 마감식'이라는 부제와 함께하는 책이에요. 표지에 '김마리 지음'이 검은색 박으로 찍혀 있고 책 가운데 탕수육 한 접시가 사진으로 들어앉아 있으니 김마리라는 북디자이너가 책 한 권을 '마감'할 때마다 중국집을 찾아가 탕수육을 사먹은 기록의 모음집임을 바로 알겠기도 하더라고요.

"시간과 마음을 써서" 행한 책 마감의 고단함을 "시간과 마음을 써서" 행한 탕수육 주문의 설렘으로 그 끝과 시작의 바통을 이렇게나 순식간에 바꿔 줄 줄 아는 사람이라니. 일의 속도가 엄청 빠른 사람임과 동시에 일의 재미에 푹 빠져 사는 사람임과 동시에 일의 사명에 저를 단단히 걸고 사는 사람임이 단번에 읽혔어요. "마감식食이 특별한 의식으로 자리잡은 후부터 마감은 행복한 일이 됐다"는 저자의 단순한 삶의 태도를 강직함으로 읽게도 되었고요.

진짜 다녀온 거 맞냐고 누가 묻고 따질 것도 아닌데 서른 번의 발품을 팔아 다녀온 서른 곳의 중국집 탕수육 사진부터 서른 페이지 채우고서 시작한 정직한 책이기도 해요. 물론 가게 정보와 함께 부먹이냐 찍먹이냐 볶먹이냐 친절한 안내도 곁들인 참이고요. 목차를 보고 내가 가본 데가 여럿 겹치기에 그 페이지부터 찾아 읽다가 문득 사는 게 먹는 걸까, 먹는 게 사는 걸까 골똘하다가 '먹고살다'를 왜 붙여 쓰는지 이 책으로 배운 것도 같았어요. 생계란 정녕 그 둘의 합함이 맞는 거겠지요.

"일하는 사람에게 가장 중요한 것은 일하고 싶게 만드는 기분이 아닐까." 그 감정이 일의 기본이 아닐까 하여 책에도 소개가 된 파주 지목로의 '탕수육'에서 반반 탕수육을 시켰어요. 투명 소스와 간장을 베이스로 한 숙주 소스를 고기 튀김과 함께 여는 순간 나의 마감식은 고기 튀김이구나, 확신이 딱 서더라고요. 자자, 여러분의 마감식은 어떤 음식일까요?

먼 산만 보고 있으니
모두 다른 박자야
—『내가 시인이었을 때』(마종기, 문학과지성사, 2025)

　이 계절 가을이고 하니 시를 읽으시라. 왜 시집이냐 하시면 잎이라 불리던 초록이 붉어져 낙엽이라 뒹구는 거, 그거 모으느라 오며 가며 쓰는 비질 소리, 그거 '쓸쓸'이라 절로 받아적고 있는 나일 적에 제 심장을 향해 고개 푹 숙이게도 되노니 시를 읽으시라. 겸손함을 가장하라는 것이 아니라 겸연쩍음을 가정하게도 되니 시를 읽으시라. 문맥을 잎맥처럼 짚으면 사유가 개울물처럼 졸졸 흘러가는 소리를 낼 테니 시를 읽으시라. 돈은 차치하고 돌에 쩔쩔매는 주제가 빈번하니 시를 읽으시라. 가난을 난가, 하고 뒤집었을 적의 우연한 재미가 쏠쏠도 하니 시를 읽으시라. 잘 태어나는 건 우리 탓이 아니지만 잘 죽어가는 건 우리 몫임을 알게 하니 시를 읽으시라.

때마침 "내 나이 팔십이 지난 후에 쓴 것들"로만 한데 묶었다는 1939년생 마종기 시인의 시집이 긴긴 서두로 말미암아 어떤 꼬리가 되지 않을까 하니 이 시들을 읽으시라. 시가 어렵다고들 하시니 이 시들을 읽으시라. 사사로운 그의 기록이 덤덤한 나의 기록처럼 읽히기까지 절로 획득한 보편성이 그가 평생에 이룩한 거룩한 능력이 아닐까 하니 이 시들을 읽으시라. 때로는 일기처럼 성실하게, 때로는 연서처럼 뜨겁게, 때로는 고해처럼 낱낱이, 때로는 유언처럼 환하게 써내려간 시들 너머 두 눈 가득 눈물이 고인 한 소년이 엇비치는 만큼 이 시들을 읽으시라.

86세에도 태생적 소년임을 포기할 수 없는 숙명으로 천진하고 여린 시심을 그대로 간직한 말 "미안한 마음"을 얼마나 빈번하게 이 시집에서 뱉어내고 있는지 내 탓이오, 를 잊고 네 탓이오, 만 깨친 이들은 이 시들을 읽으시라. 어딘가를 떠나오는 일과 누군가를 보내는 일이 비단 이번 시집의 주제일 뿐이랴, 필시 우리 삶의 화두라 평생 반복해도 이 일은 왜 이렇게 어려운가 매번 왜 이렇게 서툰가 그런데 나만 그런 것은 아니구나 시인에게서 안도를 배울 수 있지 않을까 하니 이 시들을 읽으시라. "먼산만 보고 있으니 모두 다른 박자야" 이 구절에 밑줄 딱

긋는 순간 왜 줄 안 긋고 못 배겼는지 모르면서 환호하는 내게 "매혹은 도대체 이유가 없구나" 스치게 함으로 바람을 느끼게 하는 말이 있으니 이 시들을 읽으시라.

우리 의식주에 대한 박물지 같은 책
―『살림의 과학』(이재열, 사이언스북스, 2025)

표지에 갓 있다고 산 책 아니다. 표지에 갓도 있어서 산 책이다. 갓. 어째 이름부터가 갓인가. 이유 없이 목적 없이 갓을 탐하는 나를 두고 오래전 한 지인이 내게 갓을 선물한 적이 있다. 쓰고 다닐 용도가 아닌 두고 봄의 쓸모는 결국 아름다움이라 나는 거실 벽에 그 갓을 그림처럼 걸어두고 오며 가며 그 갓을 자연처럼 보아왔던 참이다. 무엇이 예술인지 아둔한 나이기에 지혜롭게 정의할 수는 없겠으나 이런 귀함의 방편 앞에 홀로 술을 마시고 절로 오르는 흥취를 안줏거리 삼을 때 입술에 묻어 잘 안 닦이는 말이 무엇인지 정도는 알겠다.

그러니까, 향유. 누린다는 거 말이다. 가진다는 거 말이다. 이재열 선생의 『살림의 과학』은 우리 문화의 멋과 맛을 일단은 똑똑히 알고 '향유'하게 하는 우리 의식주에 대한 박물지 같은 책이다. 그러니까, 살림. 세간 말이다. 생활 말이다. 산다는 건 살림살이를 산다는 일 아닌가. 죽는다는 건 살림살이를 죽이는 일 아닌가. 살림이 곧 우리네 살아 있음을 증명하는 말인 고로 이 책은 우리가 사는 데 있어 '집'을 필두로 한 이러저러한 사물에 관한 온갖 '잡다'한 이야기가 선생의 깊은 안목에 힘입어 선생의 넓은 학식에 기대어 구불구불하게 특유의 유연성을 담보로 들어앉아 있는 구조이기도 하다.

그래서다, 532쪽짜리 두텁고 묵직한 책이지만 겁을 내지 마시란 말씀. 시작에 엄두가 안 난다면 차례부터 펴시라는 말씀. 거기 적힌 순서대로 집과 부엌과 안방과 대청과 사랑과 마당 가운데 나는 대청부터 골라 읽었다는 말씀. 대청에 놓인 소반과 반닫이를 마른 수건으로 닦고 또 닦고 하염없이 바라보는 일이 내 오랜 꿈이었기에 특히나 개다리소반과 반만 닫아 반닫이인 우리 전통 목가구에 대한 이야기부터 펼쳐보지 않을 수 없었다는 말씀. 농서 『사시찬요』를 말하다가 '지천년견오백'이라 하는 보존 수명 천년의 우리 한지와 그 공예로까지 마구잡이로 쭉쭉 늘어나는 책이라는 말씀. 도무지 잡히지 않는 나비 같은 책이라는 말씀. 잡을 마음을 버리고 좇는 기쁨에 신나면 내가 더 건강해지는 책이라는 말씀. 책의 맨 끝 색인 페이지가 참된 부록인지라 연필을 들고 보는데 오늘 내가 동그라미 친 단어는 '구들'이라는 말씀. 곧 큰 추위가 닥치리라는 몸의 말씀.

역지사지

ⓒ김민정 2025

초판 1쇄 발행 2025년 12월 18일
초판 2쇄 발행 2026년 1월 14일

지은이 김민정
펴낸이 김민정
책임편집 유성원
편집 정가현 민윤지 정수범
디자인 한혜진
저작권 박지영 형소진 주은수 오서영 조경은
마케팅 정민호 박치우 한민아 이민경 박진희 황승현 김경언
브랜딩 함유지 박민재 이송이 박다솔 조다현 김하연 이준희
제작 강신은 김동욱 이순호
제작처 천광인쇄사

펴낸곳 (주)난다
출판등록 2016년 8월 25일 제406-2016-000108호
주소 10881 경기도 파주시 회동길 210
저작권 및 독자문의 copyright_nanda@munhak.com
작가섭외 및 행사문의 innanda@munhak.com
페이스북 @nandaisart **인스타그램** @nandaisart **엑스** @wingedpoems
문의전화 031-955-8865(편집) 031-955-2689(마케팅) 031-955-8855(팩스)

ISBN 979-11-24065-22-8 03810

○이 책의 판권은 지은이와 (주)난다에 있습니다.
○이 책 내용의 전부 또는 일부를 재사용하려면 반드시 양측의 서면 동의를 받아야 합니다.
○난다는 (주)문학동네의 계열사입니다.
○잘못된 책은 구입하신 서점에서 교환해드립니다.
 기타 교환 문의: 031-955-2661, 3580